IMPÉRIO DO CAPITAL

Ellen Meiksins Wood
IMPÉRIO DO CAPITAL

Tradução
Paulo Cezar Castanheira

Copyright desta edição © Boitempo Editorial, 2014
Copyright © Ellen Meiksins Wood, 2003, 2005

Coordenação editorial
Ivana Jinkings

Editora-adjunta
Bibiana Leme

Assistência editorial
Thaisa Burani

Tradução
Paulo Cezar Castanheira (com exceção do texto "Resposta aos críticos",
traduzido por Baby Siqueira Abrão)

Preparação
Laura Folgueira

Revisão
Livia Campos

Capa
Adriana Zerbinati
(sobre "Bureau and Room", óleo sobre tela de Kazimir Malevich, 1913)

Diagramação
Antonio Kehl

Coordenação de produção
Juliana Brandt

Assistência de produção
Livia Viganó

CIP-BRASIL. CATALOGAÇÃO NA PUBLICAÇÃO
SINDICATO NACIONAL DOS EDITORES DE LIVROS, RJ

W86i
   Wood, Ellen Meiksins, 1942-
O império do capital / Ellen Meiksins Wood ; tradução Paulo Cezar Castanheira. -
1. ed. - São Paulo: Boitempo, 2014.

   Tradução de: Empire of Capital
   ISBN 978-85-7559-365-3

   1. Capitalismo. 2. Imperialismo. 3. Socialismo. 4. Pós-modernismo. I. Título.

14-09438   CDD: 330.122
                                              CDU: 330.142.1

É vedada a reprodução de qualquer
parte deste livro sem a expressa autorização da editora.

1ª edição: março de 2014; 2ª reimpressão: abril de 2025

BOITEMPO
Jinkings Editores Associados Ltda.
Rua Pereira Leite, 373
05442-000 São Paulo SP
Tel.: (11) 3875-7250 / 3875-7285
editor@boitempoeditorial.com.br | boitempoeditorial.com.br
blogdaboitempo.com.br | youtube.com/tvboitempo

Sumário

Prefácio à edição brasileira 9

Agradecimentos 14

Introdução 15

1 O descolamento do poder econômico 21

2 O império da propriedade 33

3 O império do comércio 45

4 Uma nova espécie de império 65

5 A expansão ultramarina dos imperativos econômicos 75

6 A internacionalização dos imperativos capitalistas 93

7 "Imperialismo excedente", guerra sem fim 109

Resposta aos críticos 127

A George Comninel,
em agradecimento pelos vários anos de diálogo

Prefácio à edição brasileira

A primeira edição deste livro foi impressa antes de os Estados Unidos lançarem seu ataque contra o Iraque. Mas naquele momento já estava claro que, no caso de uma guerra, a política preferencial norte-americana seria a ocupação militar após a vitória, e eu fiz alusão a isso no livro[1]. Ainda assim, acreditava então, como acredito agora, que a intenção ao ocupar o Iraque não era estabelecer os Estados Unidos como um império colonial. No máximo, esse fato se confirmou pelo estrago feito pela ocupação. O imperialismo norte-americano é de um tipo novo, que tento explicar neste livro.

É comum certos críticos insistirem que o governo Bush representou uma ruptura significativa na política externa dos Estados Unidos desde a Segunda Guerra Mundial. Não se pode negar o extremismo temerário desse regime, causa provável da sua própria derrota, mas a essência da política externa norte-americana no pós-guerra foi sempre pautada por uma grandiosa visão imperial. Formalmente, o projeto de hegemonia econômica global, apoiado por poderosa supremacia militar, começou quando os Estados Unidos estabeleceram sua hegemonia econômica com o sistema de Bretton Woods – e sua supremacia militar com as bombas atômicas de Hiroshima e Nagasaki. O governo Bush foi sem dúvida o mais unilateral e certamente o mais abrangente no sentido de manter "um amplo espectro de dominação", com uma superioridade militar tão poderosa que ninguém, amigo ou inimigo, se atreveria nem sequer a pensar em desafiar os Estados Unidos como potência regional ou global. Mas certamente, durante o último meio século, a supremacia global foi o objetivo do país.

Alguns comentadores diriam que, com a ocupação do Iraque, o governo Bush retomava um imperialismo colonial mais antigo, este sim de fato uma grande mudança. Mas vejo essa opinião, tanto hoje quanto naquela época, como um erro de compreensão da natureza específica do imperialismo norte-americano e, na prática, da especificidade do império capitalista, cuja principal característica é operar o máximo possível por meio dos imperativos econômicos, e não pelo domínio colonial direto. Assim como o capital exerce sua dominação sobre o trabalho sem o poder

---

[1]   Uma referência, no início do livro, foi apresentada numa nota de rodapé que, lamento ter de dizer, acabou não saindo na edição em inglês (Verso), apesar de ter sido publicada anteriormente, na edição indiana da LeftWord, como a primeira nota de rodapé da introdução. A emenda foi feita na edição inglesa em brochura. [Nesta edição, a referida nota encontra-se na p. 15 – N. E.]

coercivo direto, porque os trabalhadores dependem do mercado e são obrigados a entrar nele para vender a sua força de trabalho, coisa análoga aconteceu no plano global, onde mais e mais partes do mundo foram submetidas a esses imperativos de mercado que as tornaram dependentes. Basta pensar nas condições impostas pelo capital internacional e por organizações como o FMI às economias em desenvolvimento, criadas para torná-las mais dependentes dos mercados globais e do capital estrangeiro. O Brasil sabe muito bem o que significa isso. Em anos recentes, os líderes brasileiros falaram com prazer sobre sua independência ou seu desligamento da economia global; mas, na verdade, mesmo com Lula e agora com Dilma no poder, eles se tornaram ainda mais dependentes do capital internacional ao aceitarem a dominância do neoliberalismo. Quaisquer que sejam as realizações progressistas alcançadas, elas foram severamente limitadas – e agora, talvez, até revertidas – pela submissão da economia brasileira às pressões do capital internacional, o que explica bem as condições que acabaram por levar à agitação atual.

Hoje talvez não seja tão fácil como já foi identificar os imperativos do capitalismo global com os interesses do capital norte-americano; mas os Estados Unidos foram o primeiro império verdadeiramente capitalista do mundo e ainda estão para ser substituído. Dizer que eles foram o primeiro império capitalista não significa que tenham sido a primeira potência capitalista a possuir um império. A questão é, pelo contrário, o fato de os Estados Unidos terem dominado o mundo não pela colonização direta, mas em grande parte pela manipulação dos mecanismos econômicos do capitalismo. O Império Britânico, que antes nutrira a esperança de explorar a riqueza econômica da Índia sem incorrer nos custos da dominação colonial, viu-se obrigado a criar um despotismo militar de extração de tributos mais semelhante aos imperialismos tradicionais que a um novo modo de hegemonia capitalista. De modo geral, os Estados Unidos preferiram, sempre que possível, evitar a dominação colonial direta e se valer da hegemonia econômica – menos custosa, menos arriscada e mais lucrativa.

Os Estados Unidos exerceram – e ainda exercem – majoritariamente sua dominação por meio dos imperativos econômicos, tornando as potências subordinadas sujeitas às suas próprias compulsões econômicas e que emanam do capital norte-americano. Antes da invasão do Iraque, muitos comentadores negaram a própria existência do imperialismo norte-americano com base no fato de o país não possuir colônias, com uma ou outra exceção ambígua, como Porto Rico. De modo geral, mesmo depois do Iraque e do Afeganistão, continua sendo verdade que os Estados Unidos não são uma potência colonial e teriam preferido se manter fora de iniciativas coloniais, operando sua dominação por meio dos imperativos econômicos.

A própria ocupação do Iraque confirma essa proposição. A completa falta de planejamento para depois da guerra sugere que os Estados Unidos na verdade não tencionavam ser uma potência de ocupação. Tornou-se dolorosamente evidente que a ação militar foi adotada na esperança vã de que o regime pudesse ser decapitado, preservando em boa parte o Estado iraquiano (apesar da estupidez do programa de "desbaathificação" de Paul Bremer), com uma liderança mais submissa. O Estado imperial manteve a esperança de poder se livrar mais rapidamente ao estabelecer sua hegemonia econômica, implantar firmemente o capital norte-americano na economia do país, em especial na indústria petrolífera, e permitir que o Iraque substituísse a Arábia Saudita como base militar, mesmo sem uma presença colonial aberta.

Ainda assim, existe aqui uma contradição fundamental, e este é um dos temas centrais deste livro: apesar de o objetivo do imperialismo norte-americano ser a hegemonia econômica sem dominação colonial, o capital global ainda (na verdade, mais do que nunca) exige uma ordem política, social e legal rigidamente regulada e previsível. Somos constantemente informados – e não somente pelas teorias convencionais, mas também por livros modernos, como *Império**, de Michael Hardt e Antonio Negri – de que o Estado-nação está em declínio. Contudo, a hegemonia imperial depende da manutenção do controle sobre os muitos Estados que mantêm a economia global. Não existe, é evidente, nada que se assemelhe ao Estado *global* capaz de assegurar a ordem necessária, tal como o faz o Estado-nação para o capital nacional. Também não se pode conceber, nem mesmo remotamente, esse Estado. No máximo, o Estado territorial se tornou muito mais, e não menos, essencial para a organização dos circuitos econômicos, por meio das relações internacionais.

O modo capitalista de imperialismo econômico é o primeiro imperialismo da história que não depende apenas da captura deste ou daquele território, ou da dominação de determinado povo. Cabe a ele supervisionar todo o sistema global de Estados e assegurar que o capital imperial possa navegar com segurança e lucratividade por todo esse sistema. Procura-se assim não somente resolver o problema dos Estados "bandidos" ou dos Estados "fracassados", mas também manter os Estados subalternos vulneráveis à exploração. Ademais, para ser realmente eficaz, o imperialismo tem de estabelecer a supremacia política e militar de uma potência sobre todas as outras, porque, se o capital global precisa de um sistema ordenado de múltiplos Estados, é difícil ver como ele poderia tolerar um sistema no qual o poder militar é distribuído de forma mais ou menos igualitária entre os diversos Estados.

Então a primeira premissa da doutrina militar norte-americana, cujas raízes datam do final da Segunda Guerra Mundial, é que os Estados Unidos têm de ter tamanha superioridade militar que nenhuma outra potência, amiga ou inimiga, sequer tentaria desfiar ou igualar sua hegemonia global ou regional. O objetivo não é simplesmente impedir um ataque, mas prevenir toda e qualquer rivalidade. Em geral, outras potências capitalistas aceitaram esse sistema, embora seja verdade que, especialmente depois do desaparecimento da União Soviética, alguns dos principais aliados não tenham se mostrado tão complacentes assim. Mas, dadas as necessidades do capital global, não chega a surpreender que os principais aliados dos Estados Unidos – que sempre foram, ao mesmo tempo, seus principais competidores econômicos – tenham concordado, de forma geral, que o país deveria manter sua enorme preponderância militar e mais ou menos admitiram a própria subordinação militar.

Entretanto, ainda resta algo a ser explicado sobre o comportamento dos Estados Unidos. Não deve ser difícil entender por que o capital global em geral precisa de

---

* Ed. bras.: Rio de Janeiro, Record, 2001. (N. E.)

uma potência militar preponderante para manter um sistema ordeiro e adequado de Estados múltiplos, mas nem sempre é clara a forma como a hegemonia dos Estados Unidos beneficia o capital norte-americano em particular. Certamente podemos ver por que o capital norte-americano se interessa pelas intervenções imperiais diretas como, digamos, o envolvimento na América Latina. Mas não é tão fácil encontrar uma ligação direta entre a supremacia militar dos Estados Unidos e alguma vantagem específica na competição econômica global.

O que é mais fácil demonstrar é que, dado que esse tipo de preponderância militar existe, ele possui uma dinâmica própria. Isso é especialmente válido quando não existem objetivos específicos e autolimitantes. O que estou afirmando aqui é que, por definição, o novo militarismo nem pode ter esses objetivos, dadas a grande amplitude e a não especificidade de suas funções de policiamento do sistema global de Estados.

A competição capitalista é diferente da rivalidade interimperialista do tipo tradicional. Quando, por exemplo, as potências imperiais lutavam por rotas de comércio, o objetivo era vencer os rivais. Mas a potência capitalista avançada não pode se dar esse luxo, pois, ao mesmo tempo que é ameaçada pela concorrência, também precisa de seus mercados. Assim, as potências capitalistas hegemônicas são obrigadas a encontrar novos meios de controlar aliados sem que esses minem seu próprio poder econômico. Foi durante muito tempo uma política dos Estados Unidos demonstrar serem eles o poder militar esmagador, aquele que não vale a pena desafiar ou mesmo igualar. E os outros Estados capitalistas cederam, de modo geral, essa supremacia aos Estados Unidos – e isso sem falar da participação nas atuais operações de espionagem norte-americanas –, algo que seria inimaginável nas antigas rivalidades interimperialistas.

Desfrutando desse poder incontestável, não é de se surpreender que os Estados Unidos usem sua enorme preponderância militar para perseguir o que qualquer governo, em qualquer momento, considere ser o seu interesse – particularmente quando sua supremacia econômica já não é tão incontestável assim quanto foi outrora. George W. Bush só teve de levar essa aplicação do seu poder para além de todos os limites. Mas o que estou sugerindo aqui é que os excessos militares estão inscritos na missão do próprio capitalismo, com ou sem um governo extremista nos Estados Unidos.

Uma vez que nem mesmo com seu enorme poder os Estados Unidos são capazes de abraçar sozinhos o mundo, ainda que apenas *pour encourager les autres* [para encorajar os outros], o melhor que podem fazer são exibições regulares de sua força militar. É improvável que a guerra no Iraque, por exemplo, tenha sido um prelúdio a, digamos, uma invasão do Irã; antes, e pelo contrário, foi uma tentativa de evitar uma aventura tão arriscada como esta – por mais mal imaginada que tenha sido, pois apenas acentuou o poder do Irã na região. O Iraque parecia ser um alvo conveniente não por representar uma ameaça aos Estados Unidos e seus aliados, mas justamente por não representar nenhuma ameaça real. Assim, os Estados Unidos poderiam "chocar e apavorar" toda a região (e o mundo), assumindo para si um baixo risco (ou ao menos era o que esperavam os gênios da Casa Branca).

É evidente que o presidente Barack Obama não é George W. Bush. Apesar de duas operações herdadas de seu predecessor ainda não terem sido interrompidas no momento em que esta edição é impressa, Obama se opôs à guerra no Iraque. Mas, assim como suas políticas internas não chegam a representar um rompimento radical com o governo anterior – vide sua deferência a Wall Street e às empresas de seguro--saúde –, suas políticas externas também não parecem configurar uma ruptura. É fato que ele demonstrou clara relutância em partir para novas invasões, por exemplo na Síria, mas, apesar de as novas formas de intervenção (como os notórios ataques com aviões não tripulados) sugerirem a substituição de deslocamentos de tropas militares por ataques mais direcionados, ainda não inspiram confiança – muito menos as recentes revelações sobre as enormes operações de espionagem da NSA [Agência Nacional de Segurança, na sigla em inglês].

Em seu discurso de agradecimento pelo Prêmio Nobel, Obama invocou a doutrina da "guerra justa", que é notoriamente flexível e já foi usada durante séculos por vorazes poderes imperiais. É verdade que nem mesmo essa doutrina flexível foi suficiente para Bush. Em todas as suas versões tradicionais, ela exigia pelo menos alguma ideia de meios e fins definidos, além de alguma proporcionalidade entre eles. Mas tais princípios não se aplicam a uma doutrina de guerra infinita, de guerra sem limites temporais ou geográficos. Até que ponto Obama se afastou de tudo isso é difícil dizer, mas o atual presidente ao menos invoca tais princípios de fins e meios, e talvez tenha algum senso de limites – tal como Colin Powell, isolado no governo Bush com sua doutrina. Sabe-se que Obama foi fortemente influenciado pelo teólogo Reinhold Niebuhr, e, até onde entendo, o realismo cristão reconhece as tragédias da guerra tanto quanto sua ocasional necessidade. Mas Obama parece muito menos preocupado que Niebuhr com a arrogância, o *hubris*, do poder norte-americano, contra a qual este lançou repreensões explícitas. Não existe, por fim, grande evidência de que o atual presidente norte-americano tenha rejeitado a visão de que os Estados Unidos lideram e devem liderar o mundo e por vezes, ainda que de forma relutante e consciente das tragédias bélicas, impor a ele suas próprias ideias de bem e mal por meios militares.

Independentemente das inclinações pessoais de Obama, o capitalismo global vai continuar precisando de uma ordem internacional ajustada aos movimentos do capital; e, de acordo com o futuro previsível, essa ordem não será em grande parte oferecida por qualquer espécie de "governança global", mas por um sistema internacional de Estados múltiplos, que provavelmente seguirá necessitando de um impositor nacional. Nenhuma outra potência nacional aproxima-se dos Estados Unidos como força militar. Resta ver quanto poderá durar essa situação, agora que várias potências (a China em particular) desafiam a dominância econômica dos Estados Unidos como nunca antes e enormes pressões fiscais emergem contra os custos do poder militar. Neste momento, contudo, é difícil imaginar que um presidente norte-americano responda ao declínio econômico abrindo mão da supremacia militar.

Ellen Meiksins Wood
julho de 2013

Agradecimentos

Fui excepcionalmente afortunada ao longo dos anos por ter tido alunos de pós--graduação de primeiro nível, cujo trabalho me inspirou e de cuja amizade desfrutei mesmo muito tempo depois de eles terem terminado os estudos. Um deles é George Comninel. Mantemos contato desde que, em 1978, ele se matriculou num curso de pós-graduação sobre Teoria e Prática do Estado em Perspectiva Histórica que Neal Wood e eu dávamos na Universidade York, em Toronto, e que hoje é ministrado por George. Devo a ele um agradecimento especial por seus comentários sobre o livro e pela pródiga generosidade com que ofereceu ideias e incentivo. Por isso dedico-lhe este livro.

Outra veterana do curso sobre Estado, Frances Abele, ofereceu, como sempre, suas sugestões caracteristicamente lúcidas e férteis para este livro.

Sebastian Budgen, da editora Verso, me ofereceu o benefício de seu olho particularmente crítico, enquanto Elizabeth Dore e Aijaz Ahmad leram um ou outro capítulo sobre assuntos que conhecem muito melhor do que eu, protegendo-me assim de gafes flagrantes. Agradeço também a Terry Byres, Peter Gowan e Alfredo Saad Filho por comentários em artigos anteriores associados a este livro. Sou, ainda, grata a Tim Clark, da Verso, pelo trabalho de edição e por ter conduzido o livro ao longo de todo o processo de publicação. E, evidentemente, sou sempre grata a Neal por seu apoio incansável.

As observações usuais se aplicam a todos os citados acima, que não podem ser responsabilizados por meus erros e omissões.

Introdução

Quem falar do imperialismo norte-americano provavelmente será contestado com base no fato de os Estados Unidos não governarem nem ocuparem diretamente nenhum país em parte alguma do mundo[1].

E, de fato, essa é a dificuldade de caracterizar o "novo" imperialismo. Apesar de ainda existirem alguns bolsões coloniais, nem os Estados Unidos nem qualquer outra potência ocidental importante são impérios que comandam diretamente vastos territórios dominados. Embora os Estados Unidos tenham presença militar em cerca de 140 países, não se pode dizer que o poder imperial imponha claramente a sua dominação por meio de regimes títeres mantidos pelo poder militar imperial. Nem existe hoje nada semelhante aos impérios comerciais que prevaleceram no passado por dominarem as rotas de comércio por meio de força superior ou pelo domínio de uma tecnologia naval mais avançada.

Houve um tempo em que não somente o governo colonial, mas também a exploração econômica de colônias por potências imperiais, era um negócio razoavelmente transparente. Quem observasse os espanhóis na América do Sul ou, mais tarde, os belgas no Congo não teria dificuldade para entender os meios pelos quais a riqueza do súdito era transferida para o senhor. Sob esse aspecto, o imperialismo tradicional tinha muito em comum com certas relações internas de classe. Assim como não havia nada particularmente opaco nas relações entre os senhores feudais e os camponeses de cujo trabalho ou renda eles apropriavam, ou entre o Estado absolutista e os camponeses cujos impostos ele extorquia, a relação entre os senhores coloniais e seus súditos era razoavelmente clara: o primeiro exercia a força, até o genocídio, e compelia os outros a abrirem mão da sua riqueza.

No capitalismo moderno a relação de classe entre o capital e o trabalho é muito mais difícil de decifrar. Nesse caso, não existe transferência direta de trabalho excedente. Os trabalhadores não pagam rendas, nem impostos ou tributos aos seus empregadores. Não existe nenhum meio óbvio de distinguir entre o que os trabalhadores guardam para si e o que eles cedem ao capital. De fato, longe de extorquir renda dos trabalhadores, o empregador lhes paga sob a forma de salário,

---

[1] Não muito depois de essas palavras terem sido escritas, os jornais divulgaram os planos dos Estados Unidos de ocupar o Iraque após a guerra.

e esse pagamento parece cobrir todo o trabalho executado pelo trabalhador: um salário referente a oito horas, por exemplo, pelo trabalho executado em oito horas. Não é tão fácil deslindar como os trabalhadores criam a riqueza do capital por meio do trabalho pelo qual eles não recebem nenhuma recompensa ou, dito de outra forma, como o capital obtém mais benefício, sob a forma de lucro, do trabalho dos trabalhadores do que estes recebem sob a forma de salário. Pode ser evidente, para qualquer pessoa sensata, que a acumulação de capital não seria possível sem uma transferência líquida de trabalho excedente dos trabalhadores para os capitalistas. Mas a forma como isso se dá é muito menos clara. A teoria marxista do mais-valor é uma explicação convincente de como ocorre essa transferência, mas o fato de ser necessária uma teoria tão complexa para explicar o que deveria ser uma transação razoavelmente direta atesta a opacidade da relação entre capital e trabalho[2]. A cobrança de renda ou impostos de um camponês – onde é evidente que uma parte do que produz o camponês se destina ao pagamento do senhor ou do Estado, seja em produto, trabalho ou dinheiro – não exige uma teorização tão complexa.

Mais particularmente, na ausência de uma força coerciva direta exercida pelo capital sobre o trabalho, não é imediatamente óbvio o que poderia *compelir* o trabalhador a ceder o seu excedente de trabalho. A coerção puramente econômica que leva os trabalhadores a vender sua força de trabalho por um salário é muito diferente dos poderes políticos ou militares diretos que permitem aos senhores e Estados em sociedades não capitalistas extorquir renda, impostos ou tributos dos produtores diretos. Evidentemente, o trabalhador sem propriedade tem pouco espaço de manobra quando a venda da força de trabalho em troca de um salário é a única maneira de ter acesso aos meios de subsistência, ou mesmo aos meios de trabalho em si. Mas essa compulsão é *impessoal*; toda a coerção que opera aqui é, ou parece ser, imposta não por homens, mas por mercados. Diante dessa que ainda parece ser uma questão de escolha, a única relação formalmente reconhecida entre capitalistas e trabalhadores – em nítido contraste, por exemplo, com a relação juridicamente reconhecida de dominação e subordinação entre senhor feudal e servo – é uma transação entre indivíduos legalmente livres e iguais.

Este não é o lugar para explorar as dificuldades da teoria do valor ou da medição do mais-valor, que representa a exploração do trabalho pelo capital. A questão aqui é simplesmente que, reconheçendo ou não que tudo que se passa entre o operário e o capitalista é de fato exploração, a relação entre ambos não é transparente, e os meios pelos quais, justa ou injustamente, o capitalista apropria o que o operário produz são obscuros por sua própria natureza.

Muito se pode dizer igualmente, e pelas mesmas razões, acerca da natureza do imperialismo capitalista. Hoje é mais difícil que nos antigos impérios coloniais detectar a transferência de riqueza das nações mais fracas para as mais fortes. Mas,

---

[2]   Resumindo, Marx explica que os trabalhadores recebem por sua *força* de trabalho, não pelos frutos do seu trabalho. O capitalista paga um salário para comprar aquela força de trabalho, geralmente por um período fixo de tempo, e assim ganha o controle sobre tudo o que o trabalho produz durante aquele tempo, que pode então ser vendido no mercado. O objetivo é, dessa forma, maximizar a diferença entre o que o capitalista paga pela força de trabalho e o que resulta dos produtos do trabalho.

mesmo quando é dolorosamente evidente que ela ocorre, a forma como isso é realizado não é menos opaca que a relação entre capital e trabalho, e essa opacidade deixa muito espaço para negativas. Também nesse caso não há, tipicamente, uma relação de coerção direta. Também nesse caso, as compulsões têm maior probabilidade de serem "econômicas", impostas não pelos senhores (diretamente), mas pelos mercados. Também aqui, a única relação formalmente reconhecida é a que existe entre entidades legalmente livres e iguais, como compradores e vendedores, tomadores de empréstimos e emprestadores, ou até mesmo entre Estados claramente soberanos.

O que torna a dominação de classe, ou o imperialismo, especificamente *capitalista* é a predominância da coerção econômica, que se distingue da coerção "extraeconômica" – política, militar ou judicial – direta. Ainda assim, isso não quer dizer, de forma alguma, que o imperialismo capitalista possa abrir mão da força extraeconômica. Primeiro, o capitalismo certamente não exclui formas mais tradicionais de colonização coercitiva. Pelo contrário, sua história, desnecessário dizer, é uma história sangrenta e muito longa de conquista e opressão colonial; e, de qualquer maneira, o desenvolvimento de imperativos econômicos suficientemente fortes para substituir formas mais antigas de dominação direta se deu em um período muito longo, só chegando à plena realização no século XX. Contudo, mais particularmente, mesmo nessa forma mais madura o imperialismo capitalista exige apoio extraeconômico. A força extraeconômica é claramente essencial para a manutenção da coerção econômica em si.

A dificuldade, mais uma vez, é que o papel da força extraeconômica no imperialismo capitalista, bem como na dominação de classe capitalista, é opaco, porque em geral ela opera não pela intervenção direta na relação entre capital e trabalho, ou entre Estados imperiais e subordinados, mas de forma mais indireta pela sustentação do sistema de compulsões econômicas, do sistema de propriedade (e do de não propriedade) e da operação dos mercados. Mesmo quando se aplica a força direta na luta entre as classes – como quando a polícia prende grevistas –, a natureza da transação tende a ser obscurecida pela neutralidade clara do poder coercitivo. Especialmente nas democracias liberais, com o sufrágio universal e as liberdades civis moderadamente bem estabelecidos, a polícia não é empregada pelo capital, mas representa um Estado que, em princípio, pertence a todos os cidadãos. Hoje, quando governos poderosos lançam ações militares contra outros mais fracos, somos levados a entender que, também nesse caso, a força não opera imperialmente, mas com neutralidade, no interesse da "comunidade internacional".

Contestar o que está dito aqui não significa dizer que a ação policial, interna ou internacional, só pode operar no interesse de uma classe dominante ou de uma potência imperial. A questão é simplesmente que, mesmo quando o capitalismo opera dessa forma, os objetivos não são transparentes, como foram quando os senhores feudais exerciam sua própria força coercitiva contra os servos, ou quando antigos Estados imperiais se lançavam explicitamente à conquista de território, estabelecimento de colônias e imposição da dominação sobre povos subjugados.

Entender o "novo imperialismo" – na verdade, determinar se ele realmente existe – exige que entendamos as especificidades do poder capitalista e a natureza da relação entre a força econômica e extraeconômica no capitalismo. Pode-se argumentar no que se segue que o capitalismo é único na sua capacidade de separar o poder econômico do extraeconômico e que isso, entre outras coisas, implica que o poder econômico do capital é capaz de ir muito além do controle de qualquer poder político ou militar existente ou concebível. Ao mesmo tempo, o poder econômico do capital não pode existir sem o apoio da força extraeconômica; e a força extraeconômica é hoje, tal como antes, oferecida primariamente pelo Estado.

Aqui, a alegação não é que o poder do capital em condições de "globalização" tenha fugido ao controle estatal e tornado o Estado territorial cada vez mais irrelevante. Pelo contrário, meu argumento é que o Estado é hoje mais essencial do que nunca para o capital, mesmo – ou especialmente – na sua forma global. A forma política da globalização não é um Estado global, mas um sistema global de Estados múltiplos, e a forma específica do novo imperialismo vem da relação complexa e contraditória entre o poder econômico expansivo do capital e o alcance mais limitado da força extraeconômica que o sustenta.

A convicção de que vivemos num mundo crescentemente sem Estado – ou, ao menos, num mundo em que um Estado cada vez mais irrelevante foi subordinado a uma nova espécie de "soberania" global – não pertence apenas à mitologia das teorias convencionais da globalização. Um livro de sucesso como *A guerra e a paz na história moderna*, de Philip Bobbit, apesar de todas as suas alegações de que o Estado não está morto, insiste que o Estado-nação territorial foi substituído pelo "Estado-mercado", essencialmente um Estado sem fronteiras. Essa é também a premissa central de uma obra tão claramente radical e iconoclasta como *Império*, de Michael Hardt e Antonio Negri, que argumenta que o Estado-nação cede espaço a uma nova forma de "soberania" não estatal, que se encontra por toda parte e em parte nenhuma[3]. A premissa do meu livro é que essas visões não somente desprezam algo realmente essencial na atual ordem global, mas também nos deixam impotentes para resistir ao império do capital.

Este livro não é uma história do imperialismo. Apesar de grande parte de sua argumentação ser histórica, o objetivo das suas excursões à história do império é colocar em relevo a especificidade do imperialismo capitalista, observando-o contra o pano de fundo contrastante de outras formas imperiais. Alguns casos importantes, europeus e não europeus, simplesmente não aparecem, ou são mencionados apenas de passagem, como, entre outros, os impérios inca, português, otomano e mongol. Os capítulos históricos se concentram em alguns exemplos importantes que foram marcados por uma ou outra característica comumente associada ao capitalismo – a dominância da propriedade privada ou a centralidade do comércio – para enfatizar as maneiras essenciais em que até mesmo tais casos diferem do império capitalista. Este livro tampouco pretende ser uma história completa do imperialismo capitalista em si.

---

[3] Philip Bobbit, *A guerra e a paz na história moderna* (Rio de Janeiro, Campus, 2003); Michael Hardt e Antonio Negri, *Império* (Rio de Janeiro, Record, 2001). Dada a premissa central e suas implicações para a resistência, talvez não seja surpreendente que *Império* tenha recebido atenção tão respeitosa em áreas inesperadas na tendência principal, longe da imprensa anticapitalista e antiglobalização. Esse argumento é desenvolvido em detalhe no meu ensaio "A Manifesto for Global Capital?", em G. Blakrishnan (org.), *Debating Empire* (Londres, Verso, 2003).

Também aqui, os leitores vão com certeza pensar nos casos que poderiam, e talvez devessem, ser mencionados ou talvez objetem que não há discussão suficiente sobre o imperialismo dos Estados Unidos antes de sua forma atual. Mas o principal objetivo do livro não é apresentar uma narrativa histórica completa. Meu propósito é, pelo contrário, definir a essência do imperialismo capitalista para melhor entender como ele opera hoje.

No capítulo 1, esboço brevemente como o poder econômico do capital se destacou da força extraeconômica, delineando de maneira geral a relação entre o poder econômico e o político no capitalismo e que implicações isso traz para a relação entre a economia capitalista e o Estado territorial. Os capítulos 2 e 3 consideram vários impérios não capitalistas para caracterizar o que chamo de "império da propriedade" (o romano e o espanhol), por comparação com a dominância de um Estado central burocrático (como na China), e o "império do comércio" (o Império Árabe Muçulmano, o veneziano e o holandês).

Os capítulos restantes tratam do desenvolvimento do imperialismo capitalista, desde a dominação inglesa da Irlanda até sua extensão à América de ultramar, e do Segundo Império Britânico na Índia até a atual "globalização" dominada pelos Estados Unidos. O último capítulo explora o papel da força militar no novo imperialismo e as contradições de um sistema em que uma economia globalizada é sustentada por um sistema de Estados múltiplos – um sistema em que a força extraeconômica do poder militar se torna essencial para o imperialismo de formas inteiramente novas, assumindo novas formas na teoria e na prática da guerra.

I
O descolamento do poder econômico

O novo imperialismo se tornou o que é por ser a criatura do capitalismo[1], um sistema em que todos os atores econômicos – produtores e apropriadores – dependem do mercado para suas necessidades mais básicas. Trata-se de um sistema em que as relações de classe entre produtores e apropriadores, e especificamente a relação entre capitalistas e trabalhadores assalariados, também são mediadas pelo mercado, o que está em nítido contraste com as sociedades não capitalistas, nas quais produtores diretos tinham acesso por outras vias que não o mercado aos meios de produção, especialmente a terra, e portanto estavam protegidos das forças do mercado, enquanto os apropriadores dependiam da força superior para extrair trabalho excedente desses produtores diretos. No capitalismo, a dependência de produtores e apropriadores em relação ao mercado significa que eles estão sujeitos aos imperativos de concorrência, acumulação e produtividade crescente do trabalho; e todo o sistema – em que a produção competitiva é condição fundamental da existência – é movido por esses imperativos. O efeito é, entre outras coisas, uma relação distinta entre o poder político e o econômico, que tem consequências para as relações de classe e para a expansão imperialista.

Poder político e econômico

Nas sociedades de classe não capitalistas, não costuma ser difícil identificar a sede do poder. Encontre a origem da coerção militar e política e em geral você vai encontrar também o poder econômico. Nelas, os poderes econômicos das classes dominantes dependem da coerção extraeconômica. Essas classes dependem da sua força coerciva superior, do poder e privilégio militares e políticos, para extrair trabalho excedente, em geral de camponeses que, diferentemente dos trabalhadores assalariados do capitalismo, detêm a posse dos meios de produção, seja como proprietários, seja como locatários. Sob esse aspecto, o capitalismo é diferente de todas as outras sociedades de classe. Os capitalistas, ao contrário, digamos, dos senhores feudais, geralmente não precisam do controle direto da força coerciva militar ou

---

[1] Este artigo é baseado no meu ensaio "Where is the Power of Capital: Globalization and the Nation State", em Alfredo Saad-Filho (org.), *Anti-Capitalism: A Marxist Introduction* (Londres, Pluto, 2002).

política para explorar seus trabalhadores, porque estes não têm propriedades, não têm acesso direto aos meios de produção e precisam vender a sua força de trabalho em troca de um salário para trabalhar e viver.

É claro que os capitalistas dependem, em última análise, da coerção do Estado para manter os seus poderes econômicos e o domínio da propriedade, para manter a ordem social e as condições favoráveis à acumulação. Mas existe uma divisão mais ou menos clara de trabalho entre os poderes exploradores do capitalista e os poderes coercivos do Estado. Nas sociedades capitalistas, é possível até existir sufrágio universal sem colocar fundamentalmente em risco o poder econômico capitalista, que não exige um monopólio dos direitos políticos.

Existe mesmo um sentido em que somente o capitalismo tem uma esfera "econômica". Isso se dá porque o poder econômico é separado do poder político ou da força militar e porque somente no capitalismo "o mercado" tem uma força própria, que impõe a todos, capitalistas e trabalhadores, certos requisitos sistêmicos impessoais de concorrência, acumulação e maximização de lucros. Como dependem do mercado para todas as suas necessidades, todos os atores econômicos são obrigados, para sobreviver, a atender a esses requisitos independentemente das suas próprias necessidades e carências pessoais.

Os modos puramente "econômicos" de exploração do capitalismo, a crescente mercantilização da vida, a regulação das relações sociais pelas "leis" impessoais do mercado criaram uma economia formalmente separada da esfera política. O outro lado da moeda é que a esfera política existe como um domínio formalmente separado. Apesar de o Estado territorial não ter sido criado pelo capitalismo, a separação claramente capitalista entre o "econômico" e o "político" produziu uma soberania territorial mais claramente definida e completa do que seria possível em sociedades não capitalistas. Ao mesmo tempo, muitas funções sociais que antes caíam no âmbito da administração estatal ou dos regulamentos comunitários agora pertencem à economia. Isso se aplica mais particularmente, é claro, à organização da produção e distribuição. Mas, como a vida social é cada vez mais regrada pelas leis da economia, seus requisitos modelam todos os aspectos da vida, não somente a produção e a circulação de bens e serviços, mas também a distribuição de recursos, a disposição do trabalho e a própria organização do tempo.

A coerção nas sociedades capitalistas é então exercida não somente pessoal e diretamente por meio de força superior, mas também indireta e impessoalmente pelas compulsões do mercado. As classes dominantes, com a ajuda do Estado, têm condições de manipular essas compulsões, e certamente o fazem em seu próprio interesse, mas é difícil associá-las a uma única fonte de poder.

Apesar de o capital exigir o apoio da coerção estatal, o próprio poder do Estado é, ao menos aparentemente, limitado pelo capital. Muitas funções sociais são removidas da esfera do controle político ou da deliberação comunitária e postas sob o controle direto do capital ou sujeitas às leis impessoais do mercado. Diante disso, apesar de a emergência de uma economia também implicar uma esfera política separada, tal esfera parece empobrecida por ter uma parte tão significativa da vida humana removida de sua órbita – o que, evidentemente, também significa que muitos aspectos da vida diária, aqueles que ficam no âmbito da economia, se mantêm fora do alcance da responsabilidade democrática.

Uma das consequências mais importantes desse descolamento entre poder econômico e coerção direta é que a hegemonia econômica do capital pode se estender muito além dos limites da dominação política direta. O capitalismo se distingue de todas as outras formas sociais precisamente por sua capacidade de estender seu domínio por meios puramente econômicos. De fato, o impulso do capital na busca incansável de autoexpansão depende dessa capacidade única, que se aplica não somente às relações de classe entre capital e trabalho, mas também às relações entre Estados imperiais e subordinados.

Já observamos a capacidade do capital de dominar o trabalho por meios puramente econômicos e sem o domínio político direto ou o privilégio judicial, diferentemente das classes dominantes nas sociedades não capitalistas. Os poderes econômicos das classes não capitalistas podiam se estender apenas até o limite da sua força extraeconômica, apenas até o limite dos seus poderes militar e judicial; e, independentemente de quanto excedente fora produzido, a acumulação pelas classes exploradoras era limitada ao que seu poder extraeconômico fosse capaz de extrair dos produtores diretos. Existe uma diferença análoga entre o imperialismo capitalista e o não capitalista. Os antigos impérios coloniais dominavam territórios e subjugavam povos por meio da coerção "extraeconômica", pela conquista militar e geralmente pela dominação política. O imperialismo capitalista exerce seu domínio por meios econômicos, pela manipulação das forças do mercado, inclusive da arma da dívida.

O Estado é vital para esse tipo de dominação, de formas que serão discutidas adiante. Mas a separação entre a dominação política e a econômica cria uma relação muito complexa entre o Estado e o poder econômico. Isso inevitavelmente afeta, entre outras coisas, a resistência à dominação e a condução da luta de classes. Essa relação característica entre as esferas econômica e política no capitalismo sempre gerou um problema para os movimentos anticapitalistas, desde os primeiros dias da oposição socialista. Por exemplo, é significativo – que as revoluções modernas não tenham ocorrido nas sociedades capitalistas avançadas, mas nas sociedades onde o Estado representava um alvo visível, com papel proeminente na exploração direta. À medida que o capitalismo desenvolve sua forma industrial madura, surge a tendência a uma concentração crescente da luta de classes no local de trabalho e uma crescente separação entre as lutas "industrial" e "política".

Ainda assim, enquanto existiu uma ligação mais ou menos clara entre economias nacionais e Estados nacionais, houve a possibilidade clara de desafiar o poder do capital, não somente no local de trabalho, mas em um ponto de concentração no Estado. No mínimo, as forças de oposição, em particular o movimento operário, tinham condições de fazer pressão para que fossem desenvolvidas políticas capazes até certo ponto de aliviar os piores efeitos do capitalismo. A divisão de trabalho entre a esfera política e a econômica podia mesmo favorecer as classes subordinadas, e o equilíbrio de forças no Estado podia se desviar significativamente a favor das classes trabalhadoras, de forma que, apesar de ter se mantido dentro das restrições impostas pelo sistema capitalista, o Estado agisse mais positivamente no interesse dos trabalhadores. Houve mesmo a esperança de que a tomada do poder do Estado tornasse possível uma transformação social mais completa, a substituição do capitalismo pelo socialismo.

Mas hoje parece não existir nem mesmo a mais limitada dessas possibilidades. À primeira vista, a separação entre os poderes econômico e político parece ser um problema ainda maior, e talvez insuperável, na economia "globalizada" de hoje, do que em qualquer outra época passada. O capital transnacional parece ter fugido das fronteiras do Estado-nação, o poder do capital parece ter se tornado ainda mais difuso, e o problema de localizar e desafiar o centro do poder capitalista se tornou ainda mais difícil. Ele parece estar em toda parte e em lugar algum.

Mas aparências podem ser enganosas. Um tema central deste livro é o fato de o Estado continuar sendo um ponto vital de concentração do poder capitalista, até mesmo, ou especialmente, no capitalismo global de hoje, e o império do capital depender de um sistema de Estados múltiplos.

Um Estado-nação decadente?

Comecemos pela premissa de que o capitalismo global é o que é não somente por ser global, mas, acima de tudo, por ser capitalista. Os problemas que associamos à globalização – a injustiça social, o abismo crescente entre ricos e pobres, os "déficits democráticos", a degradação ecológica, e assim por diante – não existem simplesmente porque a economia é "global", ou porque as empresas globais são incomparavelmente cruéis, nem mesmo por serem excepcionalmente poderosas. Esses problemas existem porque o capitalismo, seja ele nacional ou global, é movido por certos imperativos sistêmicos: o imperativo da concorrência, da maximização dos lucros e da acumulação, que inevitavelmente exigem a colocação do valor de troca na frente do valor de uso e do lucro na frente das pessoas. Nem mesmo a empresa mais benigna ou "responsável" consegue fugir dessas compulsões, e deve seguir as leis do mercado para sobreviver – o que inevitavelmente significa colocar o lucro acima de todas as outras considerações, com todas as suas consequências perdulárias e destrutivas. Essas compulsões também exigem a constante autoexpansão do capital. A globalização, por mais que tenha intensificado tais imperativos, é o resultado deles e não sua causa.

Esses imperativos sistêmicos podem certamente operar por meio de empresas transnacionais específicas, mas, como disse um analista, "as empresas, por mais poderosas que sejam, são apenas veículos para os capitalistas. [...] Geralmente se pressupõe que as empresas sejam um poder em si mesmas, e não um meio particular pelo qual os capitalistas organizam sua riqueza"[2] . Toda organização particular de riqueza capitalista, como a gigante da biotecnologia Monsanto, pode ser desafiada ou mesmo destruída. Mas os capitalistas envolvidos podem simplesmente reestruturar a sua riqueza, restaurar seus lucros de outra forma e retomar suas atividades

---

[2]   Gerard Greenfield, "Devastating with a Difference: From Anti-Corporate Populism to Anti-Capitalist Alternatives", *Against the Current*, n. 93, jul.-ago. 2001, p. 12-4. As citações são das p. 13 e 14.

destrutivas – como fez a Monsanto quando entrou numa fusão com outra empresa (da qual ressurgiu novamente como companhia separada) pouco depois de uma das campanhas antiglobalização e de um dos boicotes de consumidores mais eficazes terem ameaçado sua sobrevivência.

Se aceitarmos que o problema não é de uma ou outra empresa, dessa ou daquela agência internacional, mas do sistema capitalista em si, resta o problema de buscar as origens dos imperativos capitalistas. Ninguém pode negar que esse continua sendo um problema sem solução. Mas podemos no mínimo levantar perguntas sobre se o alcance global do capital o colocou tão além do alcance do Estado nacional que este já não é uma fonte importante de poder capitalista, um alvo importante de resistência ou um instrumento potencial de oposição. Talvez o contrário seja verdade e o capital global seja mais dependente do Estado territorial do que qualquer outra potência imperial jamais foi no passado. Podemos considerar, primeiro, as principais funções tradicionalmente executadas pelo Estado-nação para o capital do país e perguntar se tais funções foram assumidas por organizações multinacionais que agem para o capital "global".

Em toda sociedade de classes, onde uma classe apropria o trabalho excedente de outra, existem dois "momentos" de exploração relacionados, mas distintos: a apropriação do trabalho excedente e o poder coercivo que a impõe. Nas sociedades não capitalistas, eles tendiam a ser mais ou menos unidos. A separação das esferas econômica e política no capitalismo significou que esses dois momentos foram efetivamente divididos entre as empresas privadas (ou empresas públicas que operam segundo os mesmos princípios) e o poder público do Estado. Evidentemente, toda empresa capitalista tem à sua disposição um conjunto de mecanismos disciplinares, bem como hierarquias organizacionais internas, para manter os empregados na linha e trabalhando; e a sanção mais eficaz à disposição do capital é sua capacidade de negar ao trabalhador o acesso aos meios de trabalho, ou seja, sua capacidade de negar ao trabalhador um emprego e um salário, de demitir os empregados ou de simplesmente fechar a empresa. Mas a sanção última que mantém o sistema como um todo pertence ao Estado, que comanda a autoridade legal, a polícia e o poder militar necessários para exercer a força coerciva direta.

No capitalismo, esse poder coercivo está separado de forma singular das funções de apropriação (mesmo nas empresas públicas que operam segundo os princípios de uma economia capitalista). Como já vimos, isso contrasta com a unidade de apropriação e coerção de um sistema feudal, em que o poder coercivo do senhor – no fundo, seu poder militar – é também o poder de explorar, da mesma forma que os Estados não capitalistas usaram seu poder coercivo para apropriar o trabalho excedente dos produtores diretos como meio de aquisição de riqueza privada para governantes e funcionários. Assim, desde o início, a relação entre a classe capitalista e o Estado foi característica, com os capitalistas usando sua propriedade para explorar trabalhadores sem propriedade, enquanto o governo mantinha a ordem social afastada do capital.

O capitalismo é, por sua própria natureza, um sistema anárquico, em que as "leis" do mercado ameaçam constantemente romper a ordem social. Ainda assim,

Império do capital

provavelmente mais que qualquer outra ordem social, o capitalismo precisa de estabilidade e de previsibilidade nas suas organizações sociais. O Estado-nação ofereceu isso por meio de uma elaborada estrutura legal e institucional, apoiada pela força coerciva, para sustentar as relações de propriedade do capitalismo, seu complexo aparelho contratual e suas intricadas transações financeiras.

Foi assim desde os primeiros dias do capitalismo. Na Inglaterra do fim da era medieval e início da moderna surgiu um sistema de relações sociais de propriedade que progressivamente submeteu os produtores e apropriadores aos imperativos de um mercado competitivo. Proprietários de terras buscaram cada vez mais submeter seus locatários a aluguéis determinados pelas condições de mercado, e não pelo costume, e os locatários foram cada vez mais obrigados a prosperar no mercado. Proprietários de terras e locatários passaram a depender da produtividade e competitividade aumentadas destes últimos, em nítido contraste com as condições não capitalistas, em que os camponeses eram protegidos das pressões competitivas por terem acesso direto, fora do mercado, à terra, enquanto os proprietários contavam com a força superior para extrair excedentes dos camponeses. Os mercados já existiam nas sociedades não capitalistas, e os camponeses geralmente iam até eles para vender seus excedentes e comprar mercadorias que não produziam. Mas como nem produtores nem apropriadores dependiam do mercado para terem acesso aos meios mais básicos para sua sobrevivência e reprodução, o mercado não agia como "regulador" nem funcionava como imperativo. O efeito das relações sociais de propriedade inglesas foi criar esse tipo de dependência do mercado, polarizando a população rural entre os que venceram em condições competitivas e aqueles que foram derrotados e expulsos da terra.

O processo dificilmente seria possível sem o apoio do Estado, que, por meio de intervenções judiciais e da legislação, ajudou a tornar os direitos de propriedade dependentes do mercado. Também desde o início a intervenção do Estado foi necessária para criar e manter não somente o sistema de propriedade, mas também o de não propriedade. Seu poder foi, evidentemente, necessário para apoiar o processo de expropriação e proteger a exclusividade da propriedade capitalista. Mas o Estado também foi requisitado para garantir que, uma vez expropriados, os que não tinham propriedade nos meios de produção estivessem disponíveis quando necessários como força de trabalho para o capital. Para tanto, foi necessário encontrar um equilíbrio delicado. De um lado, o Estado tem de ajudar a manter viva uma população sem propriedade que não tem outro meio de sobrevivência quando não existe trabalho, conservando um "exército de reserva" de trabalhadores ao longo das inevitáveis quedas cíclicas de demanda de trabalho. Por outro lado, tem de garantir que rotas de fuga e outros meios de sobrevivência que não o trabalho assalariado para o capital não estejam tão disponíveis a ponto de liberar os sem-propriedade da imposição de vender sua força de trabalho, quando necessária para o capital.

Esse ato de equilíbrio tem sido uma importante função do Estado desde os primeiros dias do capitalismo, como ilustra a história das Leis dos Pobres [*Poor Laws*] na Inglaterra. No século XVI – nos primeiros anos do desenvolvimento capitalista, exatamente no momento em que críticos começavam a citar o cercamento [*enclosure*] como um importante problema social – a Inglaterra estabeleceu o primeiro programa de assistência social sistemático, nacional e regulado pelo Estado, em resposta à ameaça aparente à ordem social resultante da expropriação dos produtores diretos e uma crescente população de homens sem propriedade e sem senhores. Ao longo da história subsequente das Leis dos Pobres, a necessidade de enfrentar esse problema sempre foi avaliada contra as necessidades dos empregadores capitalistas, culminando com a reforma da lei em 1834, quando o desenvolvimento industrial da Grã-Bretanha exigia uma força de trabalho crescente e móvel. O antigo sistema de assistência "externa" [*outdoor*] aos pobres, que permitia às pessoas (ou as obrigava a) valer-se da assistência da paróquia em que residiam, agora era visto como um obstáculo à mobilidade do trabalho, que não somente as mantinha presas às suas paróquias, mas também retirava o incentivo à procura por trabalho nas fábricas menos populares. Assim, aboliu-se a assistência "externa", e a assistência aos pobres só podia ser obtida em casas de trabalho criadas para ser tão desagradáveis a ponto de tornar mais aceitável até mesmo o trabalho nas fábricas. Há dúvidas sobre se a reforma teve o efeito desejado, mas não sobre suas intenções.

A história das Leis dos Pobres ilustra bem como o Estado interveio historicamente para manter a dependência do trabalho em relação ao capital. Essencial para esse projeto foi a função indispensável do Estado no controle da mobilidade do trabalho, enquanto preservava a liberdade de movimento do capital. Embora o movimento do trabalho tentando atravessar as fronteiras nacionais tenha sido severamente contido, o controle da mobilidade do trabalho não significa necessariamente manter os trabalhadores imóveis. Pode significar levá-los a se deslocar até onde o capital precisa deles. A reforma das Leis dos Pobres em 1834 representa um momento, nos primeiros dias do desenvolvimento industrial, em que o capital precisou desenraizar o trabalho, separá-lo das suas ligações locais. Mas, apesar de o Estado ter continuado a desempenhar aquele papel, oferecendo trabalho por meio de movimentos por dentro e através das fronteiras sempre que necessário, tais movimentos sempre foram rigorosamente controlados. Esta foi uma das funções mais essenciais do Estado: manter um controle firme sobre a mobilidade do trabalho, de forma que os movimentos aumentem o lucro do capitalista, em vez de colocá-lo em risco. Ao mesmo tempo, o outro lado das relações capitalistas entre as esferas econômicas e política foi a abertura de um novo terreno de luta de classes, e a provisão social pelo Estado foi substancialmente modificada e acentuada pelas lutas da classe trabalhadora.

Somos constantemente informados de que, hoje, com a globalização da economia capitalista, o Estado-nação já não desempenha os papéis essenciais de antes e está cada vez mais se tornando irrelevante. Mas nenhuma organização multinacional chegou perto de assumir as suas funções essenciais na manutenção do sistema de propriedade e da ordem social, muito menos a função de coerção que está na base de todas as outras. Não existe forma concebível de "governança global" capaz de oferecer o tipo de regularidade diária das condições de acumulação de que o capital necessita. O mundo hoje, na verdade, é mais do que nunca um mundo de Estados-nação. A forma política da globalização é, mais uma vez, não um Estado

IMPÉRIO DO CAPITAL

global, mas um sistema global de múltiplos Estados locais, estruturados numa relação complexa de dominação e subordinação.

A condição primeira e mais básica da expansão capitalista para além dos limites da dominação política e militar é a imposição de imperativos econômicos, introduzindo as compulsões do mercado onde elas não existem e sustentando-as onde existem. Já vimos como o Estado operou para atingir esse efeito na economia interna – por exemplo, ajudando a transformar o sistema de propriedade pelo controle da mobilidade do trabalho. A imposição dos imperativos do mercado também está na base do novo imperialismo. O poder econômico do capital pode ser capaz de ir além do alcance do poder militar e político, mas só o fará se e quando as "leis" da economia capitalista forem ampliadas – e isso é algo que exige ajuda extraeconômica, tanto nas relações internas de classe quanto na dominação imperial. Na economia capitalista interna o Estado foi particularmente importante na criação e manutenção de uma classe de trabalhadores sem propriedade que, justamente por isso, é obrigada a entrar no mercado para vender a sua força de trabalho. No plano imperial, tanto os Estados metropolitanos quanto os locais desempenharam papel análogo na implementação das compulsões do mercado.

Isso não quer dizer que os poderes imperiais incentivem o desenvolvimento de economias capitalistas como as suas em toda parte. Significa apenas que economias subordinadas têm de se tornar vulneráveis aos ditames do mercado capitalista e forçadas a abrir seus mercados ao capital imperial por meio de certas transformações sociais – por exemplo, a transformação de camponeses em fazendeiros dependentes do mercado, quando a agricultura de subsistência é substituída pela especialização em culturas lucrativas para o mercado de exportação. Enquanto os fazendeiros passam a depender do mercado para sua subsistência, as potências metropolitanas protegem sua própria agricultura interna com enormes subsídios e controles de importação; e os produtores agrícolas nas economias subordinadas são forçados a competir com fazendeiros subsidiados no próprio país e no exterior. A criação dessas transformações sociais – não somente por coerção direta, mas, por exemplo, por meio de empréstimos ou de ajuda em condições rígidas – tem sido uma função importante do imperialismo capitalista desde o seu início, e o Estado-nação, o instrumento indispensável.

Formas antigas de imperialismo dependeram diretamente de conquista e dominação colonial. O capitalismo ampliou o alcance da dominação para muito além da capacidade de controle político direto ou da ocupação colonial, simplesmente impondo e manipulando as operações de um mercado capitalista. Assim como as classes capitalistas não precisam do comando político direto sobre trabalhadores sem propriedade, os impérios capitalistas podem se valer de pressões econômicas para explorar sociedades subordinadas. Mas, assim como os trabalhadores tiveram de se tornar dependentes do capital e ser mantidos nessa dependência, também as economias subordinadas devem se tornar e ser mantidas vulneráveis à manipulação econômica pelo capital e pelo mercado capitalista – um processo que pode ser violento.

Foi apresentada no noticiário uma reportagem sobre uma organização de fazendeiros na Índia que recusou um programa inglês de ajuda porque as condições impostas forçariam os fazendeiros a se orientar para o mercado de exportação, mas isso inevitavelmente representaria a destruição dos fazendeiros menores e a concentração da propriedade da terra. Quase sempre os Estados imperiais, agindo unilateralmente ou por meio de instituições supranacionais como o FMI, conseguem associar condições desse tipo a empréstimos criados para reestruturar as economias recebedoras a fim de torná-las mais suscetíveis a pressões econômicas. Esses programas em geral têm demonstrado o mesmo efeito, e os mesmos objetivos, que ações semelhantes do Estado no desenvolvimento do capitalismo interno na Europa, desde os processos de cercamento até a reforma das Leis dos Pobres.

Os métodos mais recentes de imposição dos imperativos de mercado são conhecidos em países que passaram por "ajuste estrutural". Mas, de várias formas, o processo vem desde os primeiros dias do imperialismo capitalista. A Inglaterra, já no final do século XVI, experimentava sua estratégia imperialista, principalmente na Irlanda, como veremos no capítulo 4. E, desde o início, o imperialismo capitalista foi afetado por uma das principais contradições do capitalismo: a necessidade de impor suas "leis" econômicas tão universalmente quanto possível e, ao mesmo tempo, limitar as consequências danosas dessa universalização para o próprio capital. O capitalismo é movido pela concorrência, mas ainda assim o capital precisa sempre tentar evitar a concorrência. Precisa expandir constantemente seus mercados e buscar lucro em novos locais, mas ainda assim subverte a expansão dos mercados pelo bloqueio do desenvolvimento de concorrentes potenciais (como fez na Irlanda ainda no século XVII).

Contradições

O Estado-nação foi um instrumento indispensável no processo de difusão dos imperativos capitalistas, não somente por seu poder militar ter levado a força dominadora do capital a todos os cantos do mundo, mas também por ter sido o veículo do capitalismo também na extremidade recebedora. Isso tem sido assim desde que a Grã-Bretanha expôs seus principais rivais europeus às pressões competitivas da sua própria economia capitalista. Vamos voltar a esse ponto no capítulo 6, considerando como os Estados europeus, agindo em resposta tanto às pressões geopolíticas e militares quanto às econômicas, incentivaram o desenvolvimento capitalista no país e como o Estado-nação continua a desempenhar um papel indispensável na manutenção do capitalismo global. Por enquanto, basta enfatizar que, apesar de todas as tendências globalizantes do capitalismo, o mundo se tornou mais, não menos, um mundo de Estados-nação, não somente como resultado das lutas nacionais de liberação, mas também sob a pressão das potências imperiais.

Essas potências descobriram que o Estado-nação é o mais confiável fiador das condições necessárias para acumulação, e o único meio pelo qual o capital pode se expandir livremente para além das fronteiras da dominação política direta. Assim como os imperativos de mercado se tornaram um meio de manipular as elites locais, os Estados locais mostraram ser uma correia transmissora muito mais útil para os imperativos capitalistas do que os antigos agentes coloniais e colonos que originalmente levavam o mercado capitalista pelo mundo afora.

Mas esse modo de imperialismo, como o próprio capitalismo, tem contradições em seu âmago. De um lado, ele depende da separação entre o "econômico" e o "político", o que torna possível a expansão ilimitada da apropriação capitalista por meios puramente econômicos e a extensão da economia capitalista para muito além dos limites do Estado-nação. O capitalismo tem um impulso único para a autoexpansão. O capital não pode sobreviver sem acumulação constante, e seus requisitos o levam incansavelmente a expandir seu alcance geográfico também para além das fronteiras nacionais. Mas, por outro lado, o capital sempre necessitou do apoio dos Estados territoriais; e, apesar de a expansão da apropriação capitalista ter passado para além das fronteiras nacionais, a organização das economias capitalistas continuou obstinadamente persistente. Ao mesmo tempo, o Estado-nação continuou sendo um instrumento indispensável – talvez o único instrumento extraeconômico indispensável – do capital global. É possível imaginar mudanças nas fronteiras nacionais existentes, ou mesmo no conceito de nacionalidade como o conhecemos. Ainda assim, o capitalismo global sem um sistema de múltiplos Estados territoriais é absolutamente inconcebível.

No nível da economia nacional e do Estado-nação, a complexa relação entre a apropriação capitalista e a força extraeconômica coerciva que ela exige para se sustentar é relativamente direta, ainda que cheia de contradições. Há uma divisão mais ou menos clara do trabalho: o capital apropria, enquanto o Estado "neutro" impõe o sistema de propriedade e a escassez desta. Mas as ligações se tornam mais complicadas quando o capital amplia o seu alcance geográfico, apesar de ainda depender dos poderes local e territorialmente mais limitados de administração e violência. Estamos apenas começando a aprender as complexidades e contradições dessa relação além das fronteiras entre o Estado-nação e o novo sistema de imperialismo capitalista.

Resumindo: a separação do econômico e do político tornou possível a extensão do alcance econômico do capital para muito além do seu controle político – de uma maneira que era impossível para formas anteriores de exploração política diretamente dependentes do poder militar e da dominação política. Mesmo assim o capitalismo nunca foi capaz de abrir mão dos Estados territoriais, cujas fronteiras são muito mais estreitas que as do império do capital. A apropriação capitalista ainda exige o apoio da coerção extraeconômica, e o controle da operação de um Estado ainda é necessário para oferecer a ordem administrativa e a força coerciva de que o capital necessita mas não tem. Com uma classe dominante caracterizada pela falta de poder coercivo direto, o capitalismo é, ainda assim, mais dependente que qualquer outra forma social de uma ordem política que garanta a regularidade e a previsibilidade de que o capital necessita nas suas transações diárias. O capitalismo também depende de práticas e instituições extraeconômicas para compensar suas próprias tendências disruptivas, a devastação do mercado e a privação de propriedade da maioria da qual depende o poder capitalista.

O problema é que nenhuma forma de poder extraeconômico capaz de funcionar em nome do capital global, assim como do local e nacional, foi imaginada para atender a essas necessidades – exceto o Estado territorial. O desligamento dos momentos político e econômico do capital não somente torna possível a extensão de seu alcance econômico, mas também exige que ele dependa dos Estados locais para suas necessidades políticas. De um lado, a expansão do capital é possível exatamente porque ele é capaz de se descolar do poder extraeconômico de maneira inacessível a qualquer outra forma social; e, de outro, esse mesmo descolamento torna tanto possível quanto necessário que a hegemonia econômica do capital seja apoiada pelos Estados territoriais.

À medida que se abre a lacuna entre o alcance econômico do capital e o alcance extraeconômico dos Estados territoriais, os poderes imperiais, e os Estados Unidos em particular, experimentam novas formas de força extraeconômica para resolver tal contradição. Impérios passados – como os considerados nos dois próximos capítulos – tiveram suas próprias fraquezas e instabilidades, mas essa contradição pertence unicamente ao capitalismo.

2
O IMPÉRIO DA PROPRIEDADE

Hoje, a força militar dos Estados Unidos é de longe a mais poderosa e dispendiosa que o mundo já viu. Ainda assim, o papel imperial do poder militar não é de forma alguma óbvio. Quando os antigos romanos criaram seu extenso império – a origem da nossa língua de colonialismo e imperialismo –, também produziram a maior e mais cara força militar que o mundo presenciara até então. O papel dessa enorme força na exploração intensiva do império não foi nenhum mistério. O poder militar era claramente a essência do imperialismo romano. A clareza de um caso e a opacidade do outro dizem muito sobre as diferenças entre os impérios capitalista e não capitalista.

CHINA E ROMA

O caso romano é significativo não somente porque as imagens ocidentais de império estão enraizadas nele, ou mesmo por ter sido, pelos padrões do nosso tempo, muito grande e extenso, mas também porque Roma criou e administrou seu vasto império de uma forma característica, que viria mais tarde a representar o critério, seja positivo ou negativo, do imperialismo europeu. Em certo sentido, o Império Romano foi o primeiro "império" colonial, tal como passamos a entender essa palavra.

A antiga China imperial, por sua vez, tinha estabelecido, já por volta do século III a.C., um padrão muito diferente de poder. Esse padrão – que, com alguma variação, modelou a estrutura do governo imperial chinês por muitos séculos a partir de então – baseou-se em um Estado burocrático centralizado, unificando um conjunto até então fragmentado de Estados sob o domínio de um imperador e administrado por um vasto aparelho de funcionários. Na base dos poderes coercivos do Estado, desnecessário dizer, havia uma força militar, mas sua missão não era o tipo de colonização que marcou os impérios europeus posteriores.

O Estado imperial chinês reproduziu, em grande escala, um padrão de formação de Estado que provavelmente foi mais regra do que exceção nas altas civilizações do mundo não capitalista: uma hierarquia que descendia de um monarca até distritos administrativos governados por funcionários reais e fiscais, que extraíam trabalho excedente de aldeias subjugadas de camponeses produtores para redistribuí-lo para cima, ao longo da cadeia hierárquica. Um padrão semelhante é visível em muitas das civilizações mais altamente organizadas, dos Estados relativamente pequenos e modestos da Grécia durante a Idade do Bronze até o mais complexo e poderoso Novo Reino do Egito e, ainda mais longe, no vasto Império Inca.

A base material da China imperial era o campesinato, tributado diretamente pelo Estado tanto para manter suas funções administrativas como para encher os bolsos dos seus funcionários. O Estado imperial geralmente tomava medidas para bloquear o desenvolvimento de classes agrárias poderosas, chegando mesmo a proibir aos mandarins a propriedade de terras nas províncias governadas por eles; mas o próprio funcionalismo era um caminho para a riqueza. Isso significava que, apesar de os camponeses viverem em condições opressivas, o Estado imperial tinha boas razões para preservar o campesinato e sua posse da terra. Significava também que, enquanto a posição da aristocracia agrária flutuava com a ascensão e queda de sucessivos impérios, no apogeu dos poderes imperiais chineses, especialmente em séculos mais recentes, fortunas realmente grandes estavam associadas ao trabalho no governo. Era menos um império que um enorme e inclusivo Estado territorial único, e seu modo de exploração "extraeconômica" lembrava menos o que consideramos ser a exploração colonial do que a exploração direta de camponeses por um Estado tributário, que existiu sob outra forma, por exemplo, na França absolutista.

Tal como outros impérios governados por burocracias centrais, o Estado imperial chinês sempre teve de enfrentar um dilema: o alcance direto do Estado central era necessariamente limitado, enquanto os meios pelos quais se poderia ampliar tal alcance – uma proliferação de funcionários com poderes administrativos e fiscais locais – sempre ameaçava criar dinastias e centros locais de poder capazes de desafiar o poder imperial central. Essa tensão certamente limitava as ambições imperiais do Estado.

Já o Império Romano não tinha esse problema. De acordo com suas próprias relações sociais internas específicas, a República Romana, dominada por uma aristocracia de proprietários de terra, transformou necessidade em virtude no seu projeto de expansão imperial, mobilizando e, inclusive, criando desde o início aristocracias proprietárias de terra em outros lugares como instrumentos de império. Embarcou em um programa desumano de expansão territorial, uma operação maciça de tomada de terras. A transição de república para império exigiu certamente o desenvolvimento de um complexo Estado imperial. Mas, mesmo depois de a república ter sido substituída pelo governo e pela burocracia imperiais, os romanos administraram seu império por meio de um Estado central relativamente pequeno, que representava uma ampla coalizão de aristocracias agrárias locais, com a ajuda dos colonizadores romanos e dos administradores coloniais.

Se o reino "redistributivo" do mundo antigo foi a base para outros grandes impérios não capitalistas, a base do Império Romano foi uma forma política e social muito diferente. Os antigos Estados grego e romano eram "cidades-Estado" governadas não por monarquias ou burocracias, mas por comunidades autogovernadas de cidadãos, com graus variáveis de inclusão. O aparelho estatal era mínimo, e os corpos governantes eram assembleias de um ou de outro tipo, com relativamente poucos cargos permanentes. Embora os camponeses, assim como os proprietários de terra, fossem cidadãos, por exemplo, em Atenas e em Roma, o equilíbrio das relações entre ricos e pobres, grandes proprietários e camponeses, variava e se refletia em diferentes administrações, como a democracia em Atenas ou a república aristocrática em Roma. Mas, em todos os casos, a terra, e não o cargo público, era a principal fonte de renda; e a tributação nunca foi para os cidadãos de Roma ou Atenas o problema que foi para outros camponeses ao longo da história. Ao mesmo tempo, a relativa liberdade dos camponeses da dependência, protegidos mesmo na aristocrática Roma por seu *status* cívico como cidadãos da cidade-Estado, incentivou o desenvolvimento da escravidão como fonte alternativa de trabalho excedente para os maiores proprietários de terra.

A cidade-Estado, ou *polis*, tornou-se a base do Império Helênico, que criou um novo tipo de hierarquia imperial. Ali, apesar de haver um centro monárquico, a hierarquia descendia do monarca para a *cidade*, dominada por uma aristocracia local de proprietários privados de terra, que geralmente recebiam títulos de terras do monarca. Os romanos assumiram essencialmente essa forma de governo imperial, adotando a sua estrutura "municipal". Apesar de no leste o império tender a se sobrepor a outras instituições políticas e econômicas já bem desenvolvidas, suas partes ocidentais foram remodeladas por essa forma "municipal" de organização. Mas, enquanto a *polis* na Atenas antiga foi notável por sua democracia, os romanos, de acordo com a sua base aristocrática, usaram a forma municipal (mesmo em áreas rurais sem nenhum centro urbano verdadeiro) para organizar e fortalecer as aristocracias locais. De fato, onde não havia uma classe proprietária suficientemente dominante, os romanos criavam uma; e em toda parte eles incentivaram o desenvolvimento de elites locais proprietárias romanizadas.

A base material do império era correspondentemente característica. O crescimento da escravidão certamente distinguiu o Império Romano de outros impérios. Mas, apesar de a escravidão ter se tornado importante na sede do Império, ela nunca o dominou como um todo; e ao longo de toda sua história os camponeses continuaram a formar a maioria da população fora de Roma. Há certamente um sentido em que o campesinato era a base do Império Romano tanto quanto tinha sido a do Estado imperial chinês, mas os camponeses desempenharam em Roma um papel muito diferente do que na China.

Em muitas partes do Império Romano, o campesinato local continuou a desempenhar seu papel tradicional de produtor de trabalho excedente para os senhores e o Estado, por meio de rendas e impostos, especialmente nas regiões do leste do império e no Norte da África, onde os romanos tomaram em geral culturas políticas e econômicas já bem desenvolvidas. Mas o camponês romano foi uma história diferente. Ele foi a base militar da expansão imperial de Roma. Muitos camponeses sofreram mais exploração como soldados que como geradores de renda ou pagadores de impostos, e a criação do império foi o principal meio pelo qual seus compatriotas aristocratas enriqueceram. Seu papel militar e suas longas ausências enquanto estavam em campanhas militares também os tornaram vulneráveis à expropriação, o que certamente incentivou a concentração de terra e a substituição de camponeses por escravos para o trabalho nas grandes propriedades. A proposição de que o império se apoiou no campesinato deve então ser corrigida para levar em conta o fato de que, no processo de expansão imperial, o exército foi sendo cada vez mais profissionalizado, à medida que o soldado se separava mais do camponês.

As rendas do império ajudaram a manter os camponeses romanos relativamente livres da carga de impostos, ao menos durante algum tempo. A expansão imperial também forneceu uma renda alternativa e inclusive lhes permitiu, até certo ponto, substituir suas terras ancestrais por novas possessões coloniais. Quanto à sua substituição pelos escravos, "uma das principais funções da escravidão", como explicou um importante historiador de Roma, "foi ter permitido à elite aumentar a discrepância entre os ricos e os pobres sem alienar os cidadãos camponeses da sua disposição de lutar nas guerras de expansão do império". Entretanto, permanece o fato de que "os soldados camponeses romanos estavam lutando pelo seu próprio deslocamento"[1].

As classes proprietárias romanas foram enormemente enriquecidas por todo esse processo, com a expropriação dos camponeses, a apropriação de grandes riquezas oriundas das rendas imperiais e, acima de tudo, das terras. Pode parecer estranho, mas a elite romana dependia mais da aquisição de terra do que qualquer outra classe dominante antes dela. Em outras "altas" civilizações, a posse de poder extraeconômico através do Estado sempre foi um meio de apropriação, até nos casos em que existia a propriedade privada e o comércio era bem desenvolvido.

Na China, mesmo durante a última dinastia imperial, quando a propriedade privada já estava bem avançada e o comércio era conduzido em escala muito grande, os conquistadores manchus (que governaram a China até 1912) obtinham sua renda menos da apropriação de terras do que do controle da burocracia, dos aparelhos oficiais e dos impostos. As fortunas verdadeiramente grandes vinham do cargo público, e não da propriedade, e o Estado imperial se interessava em obstruir o crescimento da aristocracia agrária enquanto preservava a posse dos camponeses como fonte de impostos. A aristocracia romana, pelo contrário, era uma classe de proprietários de terra no país e no exterior. Houve sociedades em que a riqueza vinda da terra foi um caminho para o cargo público lucrativo – como a França absolutista ou mesmo a altamente comercializada República Holandesa. Para os romanos, ao contrário, o cargo público era um caminho para a terra. Mesmo como administradores imperiais, eles se interessavam antes em pilhar a população local (oficial ou extraoficialmente), em grande parte com o objetivo de investir os lucros do cargo em terras. Apesar de esse interesse na terra não evitar que a aristocracia romana se envolvesse em aventuras comerciais de grande escala, a terra era a sua única fonte segura e constante de riqueza. Esse fato explica em grande parte a crueldade do seu imperialismo e militarismo.

O império da propriedade privada

Ao contrário de outros Estados imperiais, cujo poder tendia a impedir o desenvolvimento da propriedade privada, o Império Romano consolidou a regra da propriedade como local alternativo de poder que não o Estado. Essa combinação

---

[1] Keith Hopkins, *Conquerors and Slaves* (Cambridge, Cambridge University Press, 1978), p. 14 e 30.

de Estado imperial e forte propriedade privada se refletiu no direito romano, que produziu ao mesmo tempo uma concepção característica de propriedade individual absoluta (*dominium*) – muito diferente das concepções vagas de posse características, por exemplo, dos gregos – e também uma abordagem de soberania (*imperium*), um direito público de comando associado aos magistrados civis e mais tarde ao imperador, que distinguia as ideias romanas de propriedade da ideia grega da *polis* como simplesmente a comunidade de cidadãos. Apesar de as concepções de *dominium* e *imperium* terem raízes na república, elas se desenvolveram em conjunto e se consolidaram na administração do império por meio da aliança entre propriedade e Estado.

Esse modo de administração imperial não evitou, é claro, a necessidade da força militar. Pelo contrário, o Império Romano foi acima de tudo uma construção militar, e a palavra *imperator* foi aplicada aos grandes comandantes militares antes de designar os imperadores. Não por outro motivo, a dependência do Império em relação à propriedade privada tornou-o ainda mais dependente do poder militar sob a forma de um enorme exército permanente. A presença das legiões romanas em todo o Império foi um baluarte necessário da administração local, em certo sentido, um substituto do Estado fortemente centralizado na sede, em Roma.

O Império Romano, então, se apoiou numa dupla fundação: um forte sistema de propriedade privada e uma poderosa força militar. Essa proposição pode parecer evidente, até banal. Mas, assim como não se pode aceitar sem discussão, nem mesmo em sociedades com sistemas bem desenvolvidos de propriedade privada, que as maiores riquezas venham necessariamente desta, não podemos pressupor que a expansão imperial é sempre uma extensão da apropriação por esse meio. De modo mais geral, antes do advento do imperialismo europeu, a ampliação do alcance da dominação imperial significou, acima de tudo, a extensão das apropriações diretas pelo Estado. Assim como Estados e classes dominantes obtinham grandes riquezas dos impostos, também a dominação imperial estendeu esse modo de apropriação por meio da tributação.

O caso romano representa um afastamento significativo desse padrão, mas não por ter deixado de depender da tributação imperial – o que certamente não aconteceu. É até mesmo possível dizer que os romanos, como outros, exploraram o seu império em grande parte por meio de impostos (principalmente porque os impostos na sede eram limitados). Mas nesse caso a tributação era, mais que um meio de exploração direta, um meio para outros modos de apropriação. A terra privada e a riqueza dela obtida eram a essência do exercício imperial; e mesmo o modo romano de administração, apesar de forjar os elos do Império ao assegurar vários privilégios e até cargos para os súditos imperiais, dependeu acima de tudo do fortalecimento da regra da propriedade privada nas mãos das elites locais, bem como nas dos colonizadores e administradores.

A manutenção do exército era um dos custos mais importantes para o império, e isso, por sua vez, afetou o uso da terra como fonte direta de suprimentos ou base de tributação. Ainda assim, a lógica se originava não da fome de impostos de funcionários gananciosos, mas da fome de terra por parte de uma aristocracia da propriedade privada. A dependência de colonos e das classes proprietárias locais permitiu ao Império Romano chegar muito além do controle da administração do seu Estado (de um modo que, por exemplo, o Estado imperial chinês não conseguiu), mas também criou seus próprios problemas de execução. O império se valia de um enorme exército permanente exatamente porque, na ausência de um vasto aparelho estatal, dependia de uma coalização fragmentada de aristocracias locais, cujos poderes próprios se baseavam na sua propriedade privada, numa política perigosamente desarticulada policiada por legiões romanas largamente dispersas.

A fragmentação e o particularismo do império também causaram uma valorização dos laços culturais e das ideologias universalistas capazes de ajudar a juntar os fragmentos. A rede de comunicação e o notável sistema de estradas que permitiram os movimentos militares e comerciais também serviam como condutores da cultura romana. A cidadania romana, que se estendia além de Roma até o império, era geográfica e etnicamente inclusiva em sua concepção, muito diferente, por exemplo, da ideia exclusiva de Atenas. A cidadania ateniense, ao menos em princípio, designava ação política numa democracia direta, e era portanto resistente à expansão. A cidadania romana – talvez por sempre ter sido, mesmo no período da república, associada à dominação aristocrática sobre a maioria de cidadãos inferiores – era mais adaptável à expansão espacial e à extensão às elites locais, que eram aliadas, tanto quanto súditas, dos seus governantes. A cidadania ativa durante a República Romana deu cada vez mais espaço para uma identidade legal mais passiva, que tinha mais valor honorífico ou simbólico do que força política.

O direito romano, à medida que se desenvolvia para abranger o império, também foi concebido em termos universalistas, primeiro sob a forma de *ius gentium*, que devia se aplicar a todos os povos, diferentemente do *ius civile*, específico dos cidadãos romanos, até que a cidadania se espalhou e tornou a distinção irrelevante. O direito romano contrariou (até certo ponto) os particularismos das leis e dos costumes locais; seus princípios eram essenciais para a definição romana de propriedade, que se espalhou pelo império. Mas sua dominância dependeu da aceitação e adoção espontâneas por parte das elites locais romanizadas. Tanto o direito quanto a cidadania romanos tiveram papel importante na unificação do império, mas o fizeram pela criação de uma unidade ao menos tão ideológica quanto política ou administrativa.

Seria difícil explicar a difusão do cristianismo se funcionários imperiais romanos – inclusive o imperador Constantino, que "cristianizou" o império – não tivessem reconhecido a utilidade da religião "universal", a primeira do tipo, como instrumento da ordem imperial. A própria ideia de uma igreja "universal", por oposição aos cultos locais tradicionais, inclusive o monoteísmo judaico, provavelmente não teria surgido se o Império Romano não fosse concebido como "universal", declarando-se representante de toda a comunidade humana.

Para desempenhar o papel imperial, a religião cristã teve de se submeter a uma transformação significativa. Teve de se transformar de uma seita radical judaica, que se opunha à autoridade temporal do império, numa doutrina submissa à – e até incentivadora da – obediência imperial. Essa transformação pode ser acompanhada desde São Paulo até Santo Agostinho, dois súditos imperiais romanizados – um deles cidadão de Roma no seu poder imperial, o outro bispo de Hipona, que testemunhou o declínio imperial – e dois dos mais talentosos ideólogos que o império produziu. Nas suas mãos, o cristianismo se tornou não uma seita politicamente rebelde de uma religião tribal, mas uma doutrina espiritual "universal" que buscava a salvação em outro mundo e "dava a César" a sua autoridade temporal incontestada.

O padrão de declínio imperial revela claramente a lógica do império. O modo de administração, bem como o sistema de propriedade privada sobre o qual estava baseado, significou desde o início uma tendência à fragmentação; e no final isso prevaleceu. A burocracia imperial cresceu, acima de tudo com o objetivo de arrancar mais impostos – em grande parte, como sempre, para manter o poder militar. Mas o crescimento da burocracia foi um sinal de fraqueza, não de força. Sem nenhuma conquista significativa depois do século I d.C., o exército romano estava sobrecarregado com a manutenção do império existente, enquanto uma burocracia pesada e um Estado faminto por impostos cresciam para manter o exército. O peso sobre os súditos imperiais de Roma simplesmente apressou o declínio. As chamadas invasões "bárbaras" foram menos uma causa que o efeito da desintegração de Roma. Quando essas incursões se tornaram ameaças fatais e não mais apenas um transtorno, um Estado em desintegração já tinha havia muito se tornado um peso intolerável para os camponeses e um aborrecimento dispensável para os proprietários de terras.

É um fato notável que a chamada "queda" do império tenha ocorrido no oeste e não no leste, onde o padrão de governo era mais semelhante ao de outros impérios antigos: um Estado burocrático em que a terra continuava a ser em grande parte subordinada ao governo. Foi no império ocidental, onde o governo se diluía e fragmentava pelas aristocracias baseadas em grandes propriedades agrárias, que a fraqueza imperial se mostrou fatal.

Ao implodir, o Estado imperial deixou para trás uma rede de dependência pessoal ligando o camponês ao senhor de terras e à terra em si – um desenvolvimento incentivado pelo próprio Estado quando, numa época de crise, prendeu muitos camponeses à terra, claramente com objetivos fiscais. Uma nova forma de campesinato dependente, o colonato, em que se misturavam camponeses presos à terra e escravos libertados, veio substituir as antigas formas de propriedade de escravos. Nos séculos que se seguiram ao "declínio e queda", haveria várias tentativas de recentralização desse sistema fragmentado sob esta ou aquela monarquia dinástica, com ciclos sucessivos de centralização e fragmentação, à medida que um elemento ou outro prevalecia na incômoda fusão romana de soberania política e propriedade da terra. Mas a fragmentação do Império Romano ainda é reconhecível no feudalismo europeu, um sistema de parcelamento do poder com base na propriedade, como a união dos poderes político e econômico no senhor feudal que dominava e explorava o campesinato dependente sem o apoio de um Estado central forte.

De Roma à América hispânica

A fragmentação do Império Romano pode ter sido a causa de sua morte; mas, enquanto durou, a mesma fragmentação, com sua base na propriedade privada e não num Estado burocrático esmagador nem na riqueza obtida por meio de cargos no governo, permitiu que o império, com o apoio de um exército amplamente espalhado, estendesse seu alcance para muito além do território que aquele Estado poderia ter governado diretamente. Conquista e colonização de territórios amplamente dispersos continuariam a ser o padrão dos impérios europeus posteriores. Isso significou a combinação continuada de uma propriedade relativamente forte (descendente de Roma pelo feudalismo) com Estados centrais fortes mas relativamente pequenos[2].

Isso não quer dizer que os Estados europeus pós-feudalismo, principalmente a Espanha, tenham falhado na tentativa de desenvolver burocracias no país, e às vezes nas colônias, para governar seus territórios domésticos, seus impérios crescentes no território europeu e suas colônias distantes. Na verdade, a questão é que a propriedade, especialmente de terras no país e no exterior, nunca foi absorvida pela apropriação do Estado como a base da riqueza da classe dirigente, e que nenhuma daquelas colônias vastas e distantes pôde ser administrada sem a dependência dos poderes locais baseados na propriedade. O modo primário de expansão imperial não foi a absorção de novos territórios num único aparelho burocrático, mas, pelo contrário, a dispersão do poder político e econômico ligado à propriedade privada, governada a enorme distância por um Estado imperial.

Enquanto construía no próprio país uma monarquia centralizada e um extenso império na Europa, a Espanha criava o maior império de além-mar que o mundo jamais vira – e o fez exatamente por meio dessa parceria público-privada. A reconquista medieval das terras europeias dos mouros e a ocupação da África e das Canárias ofereceram um modelo para a expansão posterior, baseado menos nos grandes reinos burocráticos do passado do que no parcelamento feudal. É verdade que os monarcas espanhóis, especialmente Fernando e Isabel, tentaram proteger seus poderes reais e evitar a emergência de uma aristocracia feudal hereditária nas colônias – e criaram uma burocracia estatal diferente de tudo que se tinha visto até então na Europa. Mas presidiram a enorme expansão territorial da Espanha nas Américas transferindo as tarefas do império a conquistadores privados em busca de riqueza privada.

Os acordos contratuais entre a Coroa espanhola e os *conquistadores*** na América tiveram suas raízes em acordos semelhantes com os líderes de expedições militares contra os mouros. Apesar de a colonização das Américas ter criado inevitavelmente seus próprios padrões característicos de desenvolvimento, o modelo original foi claramente o tipo de relação entre monarca e líderes militares conhecida já no

---

[2]   A propriedade feudal era, em princípio, de posse do rei ou da igreja e somente "ocupada" pelos senhores de terras e arrendatários. Mas isso não evitou – pelo contrário, o feudalismo promoveu – o surgimento de uma poderosa classe de proprietários de terras, cuja riqueza e poder eram fixados na posse da terra. Pode ser enganoso, em termos estritamente legais, descrever a propriedade feudal como "privada", mas não há outra maneira simples de distinguir entre essa forma de propriedade e a apropriação pelo Estado por meio de cargo público – uma distinção expressa na diferenciação entre o arrendamento "privado" e o imposto "público". Mesmo os conquistadores, após o feudalismo, e os colonizadores nas colônias espanholas, por exemplo, receberam títulos de terras ou direitos de usufruto em terras legalmente "possuídas" pelos monarcas espanhóis; mas não se deve confundir a diferença entre essa classe de donos privados de terras e, digamos, um próspero mandarim chinês enriquecido por seu cargo no Estado mas com restrições à posse de terra.

*   Termo usado em espanhol pela autora, no original. (N. E.)

feudalismo europeu, em que direitos condicionais de propriedade e jurisdição eram concedidos ao senhor feudal em troca de serviços militares. Os conquistadores essencialmente privados da América receberam muitos títulos de terras e os frutos da conquista sob a forma de espólio e escravos humanos. Isso não criou uma aristocracia feudal no sentido europeu, uma vez que a monarquia buscava de várias formas evitar semelhante desenvolvimento, reconhecendo os índios como proprietários da terra que cultivavam à época da conquista, enquanto o Estado espanhol reivindicava todo o restante, além do subsolo. Mas a tensão entre o Estado real e as elites coloniais nunca deixaram de assombrar a monarquia.

Os estabelecimentos coloniais que ocupavam a América também seguiam o modelo medieval da *Reconquista*. Assim como os conquistadores [*conquerors*] tinham feito nas terras retomadas dos mouros, os *conquistadores* fundaram cidades, incorporadas pela Coroa espanhola, onde os principais centros de colonização reproduziam as instituições urbanas da Castela medieval. Cercando-se de aliados em cargos municipais, os conquistadores governavam a área em torno, em que a terra era trabalhada por povos indígenas conquistados.

Surgiu uma variação do sistema de *encomiendas*, que já existira nas terras mouriscas retomadas. Colonos recebiam o controle efetivo do trabalho tributário, claramente em troca da oferta de educação religiosa e proteção militar ao povo sob seu controle. Na teoria, a *encomienda* não era um título de terra, pois se reconhecia aos índios o direito à propriedade da terra, embora as plantações próximas pudessem pertencer ao *encomendero* e ser cultivadas pelos mesmos índios. Também não se confiava ao *encomendero* a jurisdição política sobre eles. Mas, na prática, essas restrições tiveram pouco efeito no controle dos colonos sobre seus súditos ou na dureza do sistema, que se tornou uma forma extremamente cruel de exploração, pouco menos que a escravidão, responsável pela morte de um número enorme de índios. O sistema era tão destrutivo que finalmente cedeu sob a pressão simultânea do Estado e da igreja, e também, sem dúvida, por ser basicamente autodestrutivo. Mas foi substituído por outra forma um pouco menos opressiva de exploração, a qual incluía o sistema de peonagem, que sobreviveria até o século XX.

O império se tornou, antes de tudo, a busca por ouro e prata. Embora a conquista fosse certamente genocida, com uma contagem de mortos enormemente aumentada pelas doenças, os espanhóis parecem ter tido mais a ganhar com a conquista e dominação dos povos indígenas do que com seu completo extermínio, por necessitarem, mais do que de território vazio, de uma maior força de trabalho nas minas, bem como nas plantações. As civilizações que encontraram eram extremamente diversificadas, variando desde caçadores-coletores nômades até impérios densamente populosos, socialmente estratificados e tecnologicamente complexos. Embora a conquista tenha destruído tais impérios, os conquistadores tinham certamente muito a extrair de suas tecnologias, seus conhecimentos agrícolas e sua experiência em grandes projetos públicos[3].

---

[3] Sobre os povos latino-americanos encontrados pelos conquistadores, ver Mark A. Burkholder e Lyman L. Johnson, *Colonial Latin America* (4. ed., Oxford, Oxford University Press, 2001).

Esse modo de expansão imperial criou suas próprias necessidades ideológicas. É verdade que a conquista, mesmo a derrubada de poderosos impérios indígenas, foi realizada por forças militares surpreendentemente pequenas, e a presença militar espanhola nas colônias nunca foi muito grande. Mas não há como confundir esse império com qualquer coisa que não um império de conquista; e os espanhóis, diferentemente de outros europeus depois deles, foram claramente explícitos quanto a estarem de fato justificando a conquista. O cristianismo desempenhou o papel principal na justificação imperial. Não há dúvida de que a teologia cristã também produziu críticas violentas à expansão e levantou questões duradouras quanto à legitimidade da conquista e da guerra. Mas é um testemunho da notável flexibilidade desse discurso moral o fato de uma teologia de crítica ao império espanhol nas Américas poder ser igualmente invocada para sua defesa[4].

As primeiras justificações do império, especialmente numa época em que o soberano espanhol era também o Santo Imperador Romano, apresentaram-no como uma missão realizada em nome da ordem cristã mundial, baseada em doações do papa sob a forma de bulas papais. Sob esse aspecto, ele seguia a tradição do verdadeiro Império Romano e suas alegações de que agia em nome de uma ordem mundial universal. Mas a difícil relação entre a monarquia espanhola e o papado tornava os apelos por doações papais uma defesa impraticável. Para piorar as coisas, os argumentos teológicos disponíveis contra as alegações do papado, que operavam a favor da monarquia, tendiam também a operar contra a conquista espanhola. Os teólogos da Escola de Salamanca afirmavam que o papa, apesar de ser o líder espiritual da cristandade, não tinha autoridade temporal sobre o mundo, nem nenhuma autoridade sobre não cristãos. Isso significava não somente a inexistência de um império universal temporal, mas também que a Espanha não podia se valer de doações papais, nem alegar legitimidade com base no fato de estar levando o cristianismo para os infiéis, nem mesmo dizer que estava punindo os selvagens por violações da lei natural.

Essas discussões, fossem elas motivadas pela repulsa humanitária diante das atrocidades imperiais ou simplesmente pela defesa da monarquia contra o papado, desafiaram o direito de impor a dominação espanhola às Américas. Ainda assim, uma justificação surgiu exatamente da mesma tradição teológica. Uma vez aceito que os antigos argumentos baseados na autoridade temporal universal da igreja e do papado não serviriam, a nova justificação se baseava na "guerra justa". Não se poderia justificar o colonialismo com base na autoridade papal, mas havia várias razões legítimas para a guerra – defender os "inocentes" ou, de modo muito mais geral, promover os valores da vida "civilizada" (ou seja, europeia). Assim como uma república podia ir à guerra em defesa própria, era possível fazer guerra em nome de uma "república humana" universal (mais uma vez o tema romano) ameaçada por comportamento que violava seus padrões particulares de paz e boa ordem. Toda conquista que resultasse de uma guerra justa poderia estabelecer dominação

---

[4] Para uma discussão esclarecedora da ideologia imperialista espanhola, em comparação com a britânica e a francesa, ver Anthony Pagden, *Lords of All the World: Ideologies of Empire in Spain, Britain and France c. 1500-1800* (New Haven/Londres, Yale University Press, 1995).

legítima. O princípio da guerra em defesa própria podia assim abraçar qualquer coisa, inclusive a conquista universal, para não mencionar a escravidão.

Apesar de essa ideologia de conquista se basear na justificação cristã, ela ainda estava claramente enraizada nos valores militares de uma aristocracia feudal e nas concepções feudais de glória, o que difere bastante das virtudes pacíficas do comércio e da agricultura que seriam alegadas pelas aventuras imperiais (não menos sanguinárias) inglesas e, até certo ponto, francesas. Mas a Coroa espanhola também invocou a doutrina cristã na tentativa de controlar as ambições feudais dos seus colonizadores e evitar o surgimento de uma aristocracia hereditária na América. As restrições impostas pela monarquia ao crescimento da escravidão e ao sistema da *encomienda* podem ter sido em parte genuinamente motivadas por preocupações éticas e religiosas, mas não há muita dúvida de que o esforço para controlar o poder independente dos colonizadores foi uma preocupação importante.

A monarquia espanhola teve algum sucesso no controle dos colonizadores com a ajuda da burocracia do Estado na corte e, até certo ponto, por meio de administrações locais que implantou nas colônias para neutralizar o poder dos colonizadores. No Peru, por exemplo, uma elaborada estatal foi criada em grande parte com o objetivo de regular o trabalho forçado nas minas. Mas, apesar de nunca ter se desenvolvido uma aristocracia hereditária feudal nas Américas, foi claramente impossível ao Estado espanhol governar seus territórios coloniais sem permitir às classes locais proprietárias de terras a dominação continuada da terra e de seu povo. A Coroa foi mesmo forçada a renunciar ao controle do que se tornou de longe a maior exportação colonial, o ouro e a prata das minas sul-americanas. Depois de começar reivindicando as minas descobertas em terras reais como parte do patrimônio real, a monarquia descobriu ser impossível explorar sozinha essa fonte de enorme riqueza e acabou por abrir mão das minas ou por arrendá-las em troca de uma parte da produção.

Ainda assim, o império se tornou essencial para a riqueza da Espanha na corte, cada vez mais dependente do ouro e da prata importados das colônias em detrimento da agricultura e indústria na sede. A essa dependência foi geralmente atribuída a culpa pelo declínio da economia espanhola a partir do século XVII. O império da Espanha, na Europa e além-mar, tornou-se um peso e não um ativo econômico, inclusive por sua necessidade de impostos. Embora se possa citar essas razões para o declínio relativamente rápido e dramático do que, durante algum tempo, foi a maior potência imperial que o mundo já vira, devemos considerar também a instabilidade inerente a qualquer império mundial que dependa de poderes extraeconômicos, mas só possa estender o alcance geográfico desses poderes por meio de sua dispersão. A rebelião das classes dirigentes coloniais locais e as guerras de independência que se seguiram atestam menos a emergência de uma burguesia revolucionária do que o legado de um equilíbrio colonial difícil entre o Estado imperial e o poder local baseado na propriedade da terra.

A Espanha, assim como Roma antes dela, foi capaz de estender o seu domínio imperial investindo poder nas classes locais proprietárias de terras; e durante algum tempo teve lucros enormes com esse império. Nesse sentido, o alcance econômico do Estado imperial já excedia o seu controle político. Ainda assim, a dependência essencial da força extraeconômica – desde a conquista militar em que se apoiava todo o sistema até as várias formas de exploração extraeconômica adotadas pelos conquistadores, sem falar no importante papel da Espanha no desenvolvimento do tráfico de escravos na Europa – significou que o controle econômico do império sempre foi limitado pelas capacidades do seu poder extraeconômico. Um longo tempo se passaria antes que os imperativos puramente econômicos estendessem ainda mais o alcance do império.

3
O IMPÉRIO DO COMÉRCIO

Entre o Império Espanhol e o imperialismo econômico "globalizado" de hoje, os imperativos da economia passaram por uma longa história de desenvolvimento, primeiro na Inglaterra e depois em todo o mundo. Nesse meio tempo, mesmo o tipo mais avançado de economia industrial não tornou impossíveis as formas diretas de exploração colonial extraeconômica, como a notoriamente brutal colonização do Congo no século XIX pelo rei Leopoldo II da Bélgica. Numa época em que a economia belga era uma das mais industrializadas do mundo, Leopoldo apropriou o território como um feudo pessoal e embarcou na extração genocida e impiedosa das riquezas da região. O Império Britânico pode ter sido o primeiro a mobilizar os imperativos econômicos como instrumentos de imperialismo, talvez já no fim do século XVI, mas também ele, como veremos no próximo capítulo, estabeleceria, mesmo bem mais tarde, o domínio colonial mais direto sobre um império territorial, especialmente na Índia. Somente no século XX o imperialismo econômico se tornou suficientemente forte para abandonar as formas extraeconômicas mais antigas de dominação colonial.

Ainda assim, durante muito tempo existiram impérios cujo objetivo principal era não a apropriação de território, a colonização ou a extração de recursos, mas a dominância do comércio internacional. Evidentemente, todos os impérios importantes dependiam do comércio, e todos foram, em maior ou menor grau, construídos para aumentar o controle sobre essa atividade. Os impérios chinês e romano, por exemplo, comandaram o comércio em enorme escala; e o Império Espanhol também – talvez por meio de um poder comercial marítimo menor que o do seu vizinho ibérico, Portugal, e mais interessado na extração de ouro e prata das Américas do que no controle das rotas comerciais – se envolveu pesadamente na atividade, por certo não sendo indiferente aos benefícios comerciais das suas possessões coloniais (sem falar do seu domínio sobre o crescente comércio de escravos). Mas alguns impérios foram em essência comerciais, mais dedicados ao controle do comércio do que ao território ou trabalho forçado. Entretanto, dizer que eles eram impérios comerciais não significa que seu domínio imperial fosse baseado nos tipos de imposição econômica que associamos ao capitalismo. Também nesse caso, o poder extraeconômico era a base do princípio de operação.

O Império Árabe Muçulmano

Houve muitos tipos de imperialismo comercial. Não seria inteiramente desarrazoado, por exemplo, descrever o antigo Império Ateniense, tal como existiu, como enraizado no comércio – embora tal descrição exija muita cautela e qualificação. Contrariamente a uma tendência entre os historiadores do passado de exagerar o caráter comercial da democracia ateniense, Atenas não foi uma cidade mercantil como os centros comerciais da Europa medieval. Também não criou nada semelhante ao império territorial dos romanos. As relações sociais dominantes e a organização política da Atenas democrática proibiam a exploração dos camponeses como soldados à maneira romana. Apesar de o exército ateniense poder certamente ser chamado de exército camponês, os camponeses continuavam camponeses, presos à terra, e os movimentos do exército eram limitados pelo ciclo agrícola. A democracia também ajudou a preservar o *status* do cidadão-camponês no país, e de forma geral conservou suas "alianças" imperiais instalando constituições democráticas nas cidades subordinadas, mantendo o controle sobre as autoridades locais. Então, as ambições imperiais atenienses não eram claramente determinadas nem pelas exigências de uma aristocracia proprietária de terras nem por interesses mercantis.

Ao mesmo tempo, um tipo de expansão imperial se tornou um meio de assegurar o fornecimento de alimentos, compensando deficiências agrícolas internas; as ações militares dos atenienses foram em grande parte dirigidas para esse fim. Cada vez mais a cidade passou a depender da sua marinha a fim de manter o controle das rotas marítimas para importar grãos; e isso significou enormes gastos – por exemplo, para construção e manutenção de navios – que, por sua vez, exigiam uma renda imperial maior para se sustentar, vinda sob a forma de impostos dos "aliados" dependentes.

Nesse sentido, seria mais exato dizer que o império crescia para sustentar a marinha, e não que a marinha crescia para realizar a expansão imperial. Enquanto os atenienses construíam sua força naval e a dominação que a sustentava para complementar o suprimento de alimentos, dificilmente se poderia considerar que isso seria um império comercial baseado no controle esmagador de um comércio lucrativo para benefício das classes de mercadores, de seus patrocinadores e dos Estados ou das companhias comerciais que os sustentavam. Esse tipo de império existiu em outros lugares, e se tornaria uma força importante nos séculos seguintes, principalmente no mundo islâmico e, depois, na Europa.

O Império Árabe Muçulmano e os impérios comerciais do fim da era medieval e início da moderna na Europa, como o veneziano e o holandês, divergiram de muitas formas, mas tinham algo fundamental em comum. Por mais que seus respectivos governos diferissem, todos eles sustentaram seu domínio sobre uma grande extensão geográfica não apenas por meio da extensão do alcance de um único Estado poderoso, mas pelo aperfeiçoamento do seu papel como elos econômicos vitais entre mercados separados em comunidades e regiões dispersas. Se a coesão do Estado imperial chinês dependeu do seu aparelho burocrático, e os impérios territoriais, como o romano, se mantinham unidos por uma rede de aristocracias proprietárias de terras, os elos dos impérios comerciais eram, acima de tudo, os mercadores e comerciantes. Mas, apesar de esses elos comerciais serem, até certo ponto, substitutos para a coesão política oferecida por um Estado único abrangente, eles dependiam tanto quanto outros impérios da força militar – se não para capturar territórios (ainda que também o fizessem, às vezes em enorme escala), ao menos para garantir o controle das rotas comerciais, por terra ou por mar, ou para forçar outros Estados, e mesmo outros impérios, a aceitar seus postos comerciais, estabelecimentos mercantis, concessões comerciais e monopólios em geral.

O Império Árabe Muçulmano foi certamente criado pela conquista, que abrangeu uma área enorme, desde a Ásia até a Espanha. Por meios militares, os árabes tomaram o controle de rotas comerciais, assim como dos territórios vastos e prósperos que delas dependiam: cidades comerciais já existentes, os Estados que as governavam e as terras agrícolas nas quais camponeses havia muito produziam, e continuariam a produzir, as rendas do Estado. Os árabes se espalharam a partir do centro da Arábia para todas as direções, incluindo o norte da África e Espanha, a Sicília e as costas mediterrâneas da Europa, e até a Anatólia, os Bálcãs e a Índia. Embora, porém, as terras conquistadas se mantivessem unidas, de início, por uma rede de campos armados ou cidades-acampamentos, e depois por uma sucessão de Estados burocráticos com o corpo de funcionários de sempre, foram as redes de comércio que lançaram as fundações dessa expansão militar e da difusão do islã. As primeiras conquistas se basearam em ligações comerciais já existentes, enquanto a expansão posterior do islã na Ásia Central, no sudeste da Ásia, na China e na África subsaariana dependeu tanto do comércio como do sucesso militar.

Na era pré-islâmica os árabes já tinham desfrutado de uma posição estratégica ao longo das principais rotas de comércio; mas, com as conquistas muçulmanas, a natureza do comércio árabe, bem como sua extensão, foi transformada. Em vez de simplesmente comercializar bens em mercados locais, ou enviá-los de um mercador estritamente local para outro ao longo de extensas rotas comerciais, os árabes muçulmanos criaram um sistema de comércio direto de grande alcance, especialmente de especiarias, sem intermediários, no qual os mercadores atingiam muito além dos seus mercados locais, assumindo o controle do transporte em longas distâncias. O islã seguiu as mesmas rotas.

As redes religiosas e de comércio foram os fios unificadores de um império essencialmente fragmentado. As diferenças e divisões entre regiões, cidades e comunidades tribais, e depois o conflito dinástico que dividiu o mundo islâmico em ramos de competição da religião muçulmana, para não mencionar os obstáculos geográficos e ecológicos, de montanhas a desertos, evitaram a estabilidade de longo prazo de qualquer um dos aparelhos governantes de Estado. O império original ganho pelas conquistas de Maomé e seus sucessores abriu espaço não somente para uma série de dinastias competidoras e territórios fragmentados, mas, finalmente, para diversos centros estatais de poder distintos, e levou à perda de territórios conquistados, especialmente na Europa. Ainda assim, apesar de a tendência à fragmentação política existir desde o início, a coesão social e econômica do mundo árabe muçulmano foi além do poder de qualquer Estado em particular.

A coesão se baseou em uma elaborada rede econômica que unia uma cadeia de grandes cidades e regiões dispersas por meio de importantes ligações comerciais. Tais ligações, por sua vez, eram sustentadas por uma estrutura de leis e departamentos. Mas essa não era apenas a estrutura de um único e vasto Estado territorial. Era a formação religiosa única associada a Maomé e seus seguidores. O próprio Maomé, nascido por volta de 570 em Meca, importante cidade comercial, pertencia à tribo coraixita, dominante em sua cidade natal e, mesmo no Corão, é representado como comerciante. Casou-se com uma mulher cuja família era de comerciantes e passou a administrar seus negócios. O momento crítico no desenvolvimento do islá, a mudança de Maomé de Meca para se tornar líder religioso em Yathrib (depois Medina), aparentemente foi incentivada por mercadores da cidade, que tinham ligações comerciais com Meca. O islá estabeleceu uma rede abrangente de leis e normas morais que ofereceu uma ordem regulatória comum, com uma cultura comum, que os mercadores e artesãos muçulmanos levaram consigo por todo um território muito amplo e diversificado.

A religião muçulmana parece ter sido uma condição e uma consequência da rede árabe de comércio. Nos séculos que se seguiram à fundação do islá, a religião e sua hierarquia se desenvolveram como um meio de organizar as relações comerciais, mesmo na ausência de efetiva unidade política. Presidindo essa rede de cidades havia um corpo de líderes religiosos, os ulemás – que eram não somente pregadores, mas também professores e juízes e cujos estratos superiores, junto com mercadores e mestres artesãos, constituíam a elite urbana, tanto em riqueza como em outros aspectos. Embora os administradores estatais também estivessem baseados nas cidades, os mercados e estabelecimentos religiosos eram a presença física dominante, muito mais visíveis que os centros de governo.

Os regulamentos detalhados e estritos baixados pela lei islâmica, a charia, sobre questões que abrangem desde casamento e herança até contratos comerciais e lucros foram, talvez em intenção, mas certamente em efeito, uma condição dos elos sociais econômicos que mantinham unido o mundo muçulmano. Apesar de o islá não ter, como gostam de dizer os seus críticos, se espalhado apenas pela conquista, e de não ter imposto sua religião a todos os territórios conquistados, os laços religiosos foram vitais para a manutenção do império comercial. Mesmo quando o império era superado por Estados regionais, muito da sua coesão social e econômica permanecia. Essa ordem política fragmentada, ligada por laços comerciais e religiosos, durou até o Império Otomano sobrepor a ela mais um Estado burocrático abrangente que, todavia, tirou grande parte da sua força da persistência de antigas redes comerciais e religiosas.

O Império Muçulmano, então, era em sua essência uma formação comercial, com base numa rede de centros comerciais que formaram as maiores cidades do mundo fora da Ásia Oriental, como Cairo ou Bagdá, conectadas por mercadores, artesãos e figuras religiosas. Esse padrão de desenvolvimento trouxe consigo um notável florescimento cultural e desenvolvimentos no conhecimento científico e matemático que viriam a influenciar profundamente o mundo europeu.

As cidades eram circundadas por populações rurais de proprietários de terras, camponeses e pastores de vários tipos. No Oriente Médio e no Norte da África, há

O IMPÉRIO DO COMÉRCIO

muito existia um amplo espectro de produção rural, desde o cultivo de azeitonas em regiões costeiras, da produção de grãos nos vales de rios e planícies, onde também era possível a criação de gado, até desertos onde se plantavam tamareiras e se criavam camelos por meio de longas migrações sazonais. Quando conquistaram a Espanha no início do século VIII, os árabes levaram consigo não somente várias culturas até então desconhecidas na Espanha, mas também técnicas agrícolas e sistemas de irrigação, levando a agricultura a regiões até então estéreis.

Assim, o império era enraizado na terra e os governantes árabes dependiam da riqueza criada por produtores rurais, mantendo os sistemas anteriores de tributação e a produção agrícola em que se baseavam. Mas o campo, especialmente quando o Império evoluiu, foi subordinado à cidade, que exercia o seu controle pela apropriação de excedentes rurais para sustentar a população urbana, pelas forças militares e pela burocracia estatal. Existe um contraste notável entre esse mundo e a Europa medieval, cuja história, apesar do surgimento de grandes cidades e do crescimento do comércio, é dominada por uma aristocracia proprietária de terras. A exceção mais notável a essa regra europeia foram as cidades-Estado italianas (a que voltaremos adiante), as quais formavam elas próprias impérios comerciais que se irradiavam a partir de cidades que dominavam o campo em torno.

No mundo árabe muçulmano, mesmo as dinastias de Estado com sua origem e base no campo governavam por meio dessa rede de cidades. "Para sobreviver", escreve um importante historiador do mundo árabe, "uma dinastia precisava fixar raízes na cidade: precisava da riqueza resultante do comércio e da indústria, e da legitimidade que somente o ulemá poderia conferir. O processo de formação de dinastias consistia na conquista de cidades. Um conquistador percorria uma cadeia de cidades ao longo de uma rota de comércio"[1]. Apesar de a presença de um governante poderoso, que poderia mesmo desviar as rotas de comércio em benefício da sua capital, intensificar o crescimento de uma cidade, a extensão do seu domínio dependia em geral das redes urbanas de religião e comércio.

Agora já deve ser possível identificar algumas das maneiras de um império comercial como esse não ser governado por imperativos econômicos associados ao imperialismo, apesar da – ou talvez exatamente por causa da – centralidade das cidades e do comércio.

Imperativos capitalistas, como já vimos no primeiro capítulo, têm origem na dependência de mercado de todos os atores econômicos. As classes apropriadoras e produtoras têm de entrar no mercado para obter as condições mais básicas de autoprodução, e a relação entre elas também depende do mercado. A primeira pergunta é se qualquer uma dessas dependências de mercado existia nesse império comercial – e em outros.

Produtores diretos no Império Muçulmano ainda eram predominantemente rurais. Embora os árabes praticassem um significativo tráfico de escravos (geralmente fornecidos, desde o século VIII, pelos venezianos) – que foi usado para

---

[1] Albert Hourani, *A History of the Arab Peoples* (Londres, Faber and Faber, 1991), p. 130 [ed. bras.: *Uma história dos povos árabes*, São Paulo, Companhia de Bolso, 2006].

suprir não somente o trabalho doméstico nas cidades, mas às vezes também para o trabalho em áreas rurais em regiões como o Vale do Alto Nilo e os oásis do Saara –, a força de trabalho rural no Império Muçulmano era composta predominantemente por camponeses e pastores, que geralmente produziam o grosso de sua própria subsistência, embora às vezes fossem ao mercado para vender excedentes e, com o resultado dessas vendas, comprar outros produtos. Nesse sentido, sua subsistência não dependia do mercado. Mais fundamentalmente, seu acesso à terra, o meio básico de produção, não dependia do mercado nem do sucesso na produção competitiva.

Mas os produtores rurais eram sujeitos não somente à exploração dos proprietários de terras, em geral como meeiros, mas principalmente à das forças superiores dos seus governantes na cidade; e foi por esse meio, acima de tudo, que eles foram explorados. O principal instrumento foi a tributação; e, apesar de os moradores da cidade também pagarem impostos, as rendas do Estado provavelmente tinham uma origem predominantemente rural. Na base do poder de tributar havia, evidentemente, a força militar dos governantes, mas ela também operava a favor de outros membros da elite urbana, particularmente aqueles a quem o Estado distribuía a cobrança de impostos, que assim tinham o controle dos produtores rurais como fonte de riqueza pessoal. Havia também as instituições religiosas, que impunham suas próprias obrigações. Em outras palavras, os produtores não eram forçados a produzir, assim como os apropriadores não eram capacitados a apropriar, pelas forças do mercado. O princípio operacional era o poder extraeconômico de extração, exercido pelos apropriadores com a autoridade superior e a força coerciva à sua disposição.

Os produtores urbanos, os artesãos que se congregavam nos maiores centros de comércio, talvez tenham dependido dos mercados locais para comprar alimentos (embora mesmo essa observação deva ser qualificada, pois eles podiam se valer de suas próprias hortas para fornecer pelo menos uma parte de seu alimento); mas eles também estavam protegidos dos imperativos de mercado. Seu acesso aos meios de produção não era mediado pelo mercado. Habilidades e oficinas artesanais geralmente passavam de pai para filho e eram governadas pela tradição, e não pelas regras dos mercados competitivos. Apesar de seu próprio produto ir ao mercado, este não era o tipo de mercado em que o sucesso era determinado pelo preço concorrencial ou pela produtividade do trabalho. Era uma rede de trocas em que habilidades artesanais ou, quem sabe, ligações pessoais muito duradouras eram a base de um negócio bem-sucedido. Um negócio desse tipo geralmente durava muitas gerações sem nenhuma mudança na produção nem aumento de tamanho.

Apesar de alguns mestres artesãos pertencerem à elite urbana, artesãos que vendiam seus próprios produtos nos mercados locais raramente adquiriam grande riqueza. Quem mais se beneficiava desse sistema comercial eram os mercadores engajados no transporte e comércio a grandes distâncias. Mesmo o comércio conduzido por mercadores de bens produzidos localmente em outros mercados motivou o transporte mais lucrativo de bens de outros lugares, como China, Índia ou Europa Ocidental. Nesse sentido, o comércio se tornou mais, não menos, separado da produção; e os grandes mercadores eram normalmente os que se engajavam, em geral por meio de agentes, no comércio a grandes distâncias de mercadorias valiosas e artigos de luxo produzidos em outras partes.

Mas se o mercador se mantinha no interior do mundo árabe e comercializava produtos de sua região, ou operava um comércio de bens produzidos a grande distância, o princípio era essencialmente o mesmo: a velha prática de lucrar com o comércio, comprando barato e vendendo mais caro. Esse tipo de lucro – diferente da produção de mais-valor no capitalismo – dependia não da superioridade na produção competitiva, mas de diversas vantagens extraeconômicas, como o poder político ou a autoridade religiosa – que permitiam a imposição de termos desfavoráveis de troca aos produtores –, ou ainda de redes mercantis generalizadas e do domínio de rotas de mercado garantidas pelo poder militar. A forma de ganho comercial está em oposição direta ao lucro capitalista. O lucro especificamente capitalista é gerado por produtividade mais alta do trabalho e eficiência de custo num mercado suficientemente integrado para impor certas condições comuns de produção competitiva. O lucro comercial não capitalista, por comparação, dependia da separação dos mercados, de comprar barato em um e vender caro em outro; e a riqueza mercantil verdadeiramente grande era resultado das vantagens de negociar em mercados separados que estavam muito distantes uns dos outros, com a ajuda do poder militar.

O Império Veneziano

A Itália foi chamada de "elo fraco" do feudalismo europeu porque o senhorialismo foi mais fraco lá do que em outras partes da Europa e porque a dominância das aristocracias proprietárias de terra, especialmente nas cidades-Estado do norte, foi superada pela dominação das classes urbanas sobre os campos circundantes. Mas, se essas cidades-Estado se afastaram do padrão feudalista, elas desempenharam um papel crítico no sistema feudal mais amplo como elo comercial dentro da ordem fragmentada e como meio de acesso ao mundo fora da Europa[2]. Pode-se, evidentemente, dizer que mesmo esse papel dependeu da dominância das classes proprietárias de terra no sistema feudal como um todo. Acima de tudo, a riqueza das aristocracias proprietárias e das monarquias que surgiram delas foi o que impeliu o comércio feudal, especialmente a buscar artigos de luxo e materiais de guerra dos quais dependia o seu poder econômico. Mas os grandes centros comerciais italianos tiveram condição de lucrar com essa riqueza como o fizeram por terem existido na rede feudal enquanto se mantinham de certa forma fora dela.

A posição característica das cidades-Estado italianas na economia europeia talvez estivesse enraizada em certas continuidades mais ou menos ininterruptas com o Império Romano. Os padrões romanos mais antigos de posse de terra persistiram, com proporção maior de camponeses livres, uma condição diferente daquela dos servos. A posição relativamente forte das cidades talvez também devesse algo ao sistema municipal romano, no qual elas eram domínio social e político das elites locais romanizadas, que governavam efetivamente o campo em torno delas. Mas,

---

[2] Sobre essa questão, ver Justin Rosenberg, *The Empire of Civil Society* (Londres, Verso, 1993).

enquanto as elites imperiais foram predominantemente formadas pelas classes proprietárias, um novo tipo de classe governante urbana surgiu na Itália medieval.

Cidades como Florença e Veneza se tornaram o que foi chamado de senhorias coletivas, dominando o *contado*, o campo em torno, e dele extraindo riqueza, de uma forma ou de outra, para sustentar os cargos públicos que, direta ou indiretamente, enriqueciam muitos membros da elite urbana – num padrão reminiscente de outros Estados dedicados à tributação ou aos cargos públicos que já encontramos. Sob esse aspecto, elas foram claramente não capitalistas no seu modo de exploração, dependiam do poder coercivo da cidade para apropriar diretamente o trabalho excedente, não somente com o objetivo de manter as rendas civis, mas também em benefício das elites urbanas que deviam seu poder e riqueza ao seu *status* civil. Mas, apesar de a produção rural ser necessária para fornecer suprimentos e renda às cidades, a verdadeira riqueza dessas cidades-Estado e de suas classes dominantes era gerada pelo comércio e pelos serviços financeiros. A exploração do campo era mais um meio que um fim, um serviço à economia urbana. A questão é se a lógica daquela economia era capitalista ou se o sistema comercial em si ainda seguia uma lógica não capitalista.

Florença e Veneza certamente comercializavam mercadorias produzidas em suas próprias cidades, como têxteis florentinos ou seda e vidro venezianos; e as classes governantes urbanas certamente incentivavam e exploravam não somente o comércio, mas também a produção, com mercadores se organizando e investindo nela, desde que as oportunidades de mercado fossem suficientemente atraentes. Mas, enquanto a produção nessas cidades-Estado era substancial, a circulação de bens e a oferta de serviços financeiros eram fontes de grande riqueza comercial. O comércio era conduzido de acordo com princípios não capitalistas, sem depender da eficiência dos custos da produção nem da alta produtividade do trabalho num mercado movido pela competição de preço, mas, pelo contrário, de vantagens extraeconômicas, como privilégios de monopólio, com a ajuda de práticas comerciais e financeiras especialmente sofisticadas (acredita-se que o método contábil das partidas dobradas, por exemplo, tenha nascido em Florença). Em certos casos, onde impunham sua força militar sobre colônias, essas cidades tinham condições de explorar o trabalho forçado na produção de mercadorias comerciáveis – como fizeram, por exemplo, os venezianos, ao implementar o uso de escravos na produção de açúcar em Creta e Chipre. Mas os ganhos venezianos com a escravidão eram resultado não somente da exploração de trabalho escravo pela república, como também do seu papel central no início do comércio de escravos, já no século VIII, quando fornecia escravos ao califado árabe. De qualquer maneira, enquanto os mercadores italianos puderam se beneficiar, e de fato se beneficiaram, da exploração extraeconômica dos produtores, na própria cidade e em outras partes, os interesses comerciais mais militantes se engajaram na especulação, não na produção[3].

Isso não quer dizer que a produção não fosse capaz de se adaptar, nem que não tenha se adaptado, às mudanças nas condições e às oportunidades de mercado. Mas

---

[3] John Hale, *The Civilization of Europe in the Renaissance* (Nova York, Simon and Schuster, 1993), p. 150.

O IMPÉRIO DO COMÉRCIO

o segredo básico do sucesso nessas cidades-Estado mercantis era o seu domínio das redes comerciais. Isso, por sua vez, dependeu não somente da qualidade dos produtos que fabricavam, mas também das vantagens extraeconômicas que lhes garantiam superioridade no controle e na negociação nos mercados, ou no transporte de bens entre eles, tanto de seus próprios produtos domésticos quanto daqueles produzidos em outros lugares. Na cidade, o poder político era ao mesmo tempo poder econômico; e no comércio externo, de longe a atividade comercial mais lucrativa, a força militar persistiu como a condição básica do sucesso comercial.

A elite urbana costumava responder a oportunidades comerciais inadequadas não pelo aumento da produtividade do trabalho ou da eficiência de custos, mas explorando ainda mais os produtores por meio da coerção extraeconômica. Ela às vezes considerava mais lucrativo abandonar completamente a produção, e até mesmo o comércio. Em Florença, por exemplo, as maiores famílias comerciais, principalmente os Médici, passaram para atividades não produtivas mais lucrativas, como os serviços financeiros para monarcas e papas e, efetivamente, para a atividade pública, chegando até o governo dinástico da cidade-Estado. Mesmo para aqueles que continuavam no comércio, a apropriação de grandes riquezas ainda dependia de poderes e privilégios civis, do seu *status* na cidade e do poder extraeconômico da própria cidade.

Então, no fundo, o sucesso comercial dessas cidades-Estado se baseava na força militar. A competição econômica nessas economias não capitalistas era menos uma questão de competição de preços que de rivalidade entre mercadores, cidades ou Estados comerciais em torno do controle direto dos mercados. As cidades-Estado do norte da Itália estavam constantemente em guerra com suas rivais vizinhas para manter o controle do *contado*, além da dominância no comércio; e guerras locais entre cidades italianas ocorriam com a normalidade e regularidade de torneios de futebol. No processo, Florença e Veneza estabeleceram durante algum tempo cada uma o controle não somente sobre seu próprio *contado*, mas também sobre as cidades vizinhas e o campo circundante.

Uma característica importante dessas sociedades comerciais era a comercialização da guerra (o *condottiere* italiano era, afinal, o modelo do soldado mercenário). Mas em parte alguma a ligação entre comércio e guerra foi mais simbioticamente próxima que na construção do império comercial veneziano. A localização da cidade lhe permitia acesso privilegiado ao comércio entre Leste e Oeste, mas preservar sua posição privilegiada exigiu o controle das rotas marítimas do leste do Mediterrâneo, o que naturalmente colocou Veneza em conflito militar regular com os rivais, para não falar dos piratas. Manter sua expansão comercial também exigia o controle de rios e passagens nas montanhas na Itália continental, uma forte motivação para estabelecer um império territorial no solo italiano e além.

Os venezianos transformaram a força militar não somente num meio de policiar diretamente a sua dominância comercial, mas também numa mercadoria de troca. Desde o início, o sucesso comercial da cidade-Estado dependeu da expansão do seu alcance para além da Itália, e isso exigiu não somente força militar e uma Marinha enormemente superior, mas tino comercial, particularmente a exploração da guerra como recurso comercial. No início, por exemplo, a expansão comercial veneziana se valeu de concessões comerciais do Império Bizantino, que lhe garantiu privilégios comerciais e direito a postos de comércio em troca de ajuda militar.

O exemplo mais notório de sua comercialização da guerra ocorreu durante a Quarta Cruzada, no início do século XIII. Convidados a oferecer transporte por navio para os cruzados francos até a Palestina, os venezianos caracteristicamente cobraram um preço muito alto. Quando o último pagamento não foi feito, eles simplesmente alteraram os termos do acordo e concordaram em embarcar os exércitos em troca de uma manobra militar diversionista: antes de continuar a viagem até seu objetivo, os cruzados ajudariam a abafar a rebelião nas colônias portuárias venezianas na Dalmácia, que colocava em risco as lucrativas rotas marítimas do Adriático. Em seguida, fizeram-nos atacar a rival Constantinopla e depor o imperador grego ortodoxo. Esse ataque contra um centro cristão pode parecer uma iniciativa estranha para os cruzados (que nunca chegaram à Terra Santa), mas foi sem dúvida lucrativo, pois pilharam a grande cidade no infame saque de Constantinopla. Quanto aos venezianos, com a queda do imperador bizantino eles incorporaram uma parte significativa do antigo Império Romano.

Veneza não manteve o domínio sobre a Itália continental e além por meio de um grande Estado burocrático, mas o antigo método romano de alianças com oligarquias locais também não atenderia aos seus objetivos. Apesar de o Império Romano ter dominado redes importantes de comércio por meio do controle das ligações comerciais mais importantes, principalmente o Egito, o comércio tinha sido um meio para um fim, não o objetivo imperial em si. O império era dominado por uma aristocracia proprietária de terras cujo principal objetivo era a terra, e não se interessava por rivalidades comerciais. Para Veneza, o objeto do exercício imperial não era tanto, pura e simplesmente, capturar territórios quanto dominar o comércio, e a dominância comercial não era uma mercadoria que se pudesse dividir com facilidade. Num mercado não capitalista, em que o comércio não era movido pela competição de preços nem pela produção competitiva, mas pelo comando extraeconômico direto dos mercados e do sucesso na rivalidade extraeconômica, particularmente a militar, o comércio era um jogo de soma zero, em que o ganho de uma cidade era a perda de outra. Isso significava que cidades rivais e suas elites mercantis tinham de ser derrotadas, ou ao menos enfraquecidas.

Na sua cidade, os venezianos continuavam a ser governados essencialmente por uma oligarquia urbana (mesmo sob o governo ostensivo do doge). Mas nos territórios italianos conquistados o seu modo característico de administração era, tal como fazia o Estado territorial florentino, garantir certo grau de autonomia às cidades subjugadas, com a ameaça constante de intervenção veneziana, enquanto as oligarquias locais eram solapadas por meio do controle do *contado* e do aumento dos seus poderes e privilégios, como contrapeso das elites urbanas. O resultado era que, quando as cidades dominadas se rebelavam, os *contadini* preferiam se voltar contra as oligarquias locais em favor do domínio veneziano. Nas suas dependências não italianas, Veneza adotou vários outros estratagemas. Em partes da Grécia, por exemplo, os venezianos pontilharam a paisagem com fortalezas, de forma que, em caso de resistência à sua dominação, eles poderiam ganhar tempo enquanto mobilizavam seu poder naval esmagador. No caso de Constantinopla, o grande prêmio, os venezianos instalaram uma figura de autoridade simbólica estrangeira e fraca, que não representava desafio à supremacia comercial veneziana.

Em todos esses casos, a característica preponderante do domínio imperial veneziano foi a simbiose entre comércio e guerra. Esse padrão desafia muitos pressupostos convencionais na cultura europeia (apesar de uma história longa e sangrenta de guerras relacionadas ao comércio) relativos à associação de comércio com o empreendimento pacífico, por oposição aos valores militares do feudalismo. A inseparabilidade de comércio e guerra, de poder econômico e extraeconômico, também desafia as convenções referentes à ligação entre comércio, cidade e capitalismo. O que talvez seja mais notável acerca de um império comercial como o de Veneza e outras cidades-Estado italianas é a combinação de uma economia extremamente comercial com os meios extraeconômicos de apropriação sob um governo altamente militarizado: em certo sentido, um feudalismo urbano e comercial.

É sem dúvida significativo que o maior pensador político italiano da Renascença, o florentino Nicolau Maquiavel, seja quem identifique com mais clareza as virtudes cívicas do cidadão republicano com as virtudes militares do soldado romano. Não se veem valores comerciais nas suas obras políticas, e a atividade comercial mal aparece. Quando muito ele demonstra desprezo pela busca da riqueza; e não há evidência na sua teoria política – em contraste com sua história de Florença – de que o contexto em que ele escrevia era um dos grandes centros comerciais da Europa. Ainda assim existe um sentido em que o espírito da sua obra é o espírito da cidade comercial italiana, de Veneza tanto quanto de Florença, cujo sucesso econômico se ligou indissociavelmente à força militar. Uma ideologia para esses poderes comerciais – em que a cidade, governada por um tipo de coletivo "republicano" de elites urbanas, se armou para dominar o *contado*, para suprimir rivais comerciais e expandir o alcance da sua supremacia comercial – teria de ser uma mistura de valores civis e militares, por mais que fosse dedicada ao ganho puramente econômico. Com a derrocada da supremacia comercial das cidades-Estado, alguns críticos culparam certo declínio da mentalidade guerreira das elites urbanas.

A República Holandesa

A República Holandesa foi provavelmente a sociedade mais comercializada não somente da Europa, mas de qualquer parte, antes do advento do capitalismo; e os holandeses construíram um enorme império comercial, muito maior que o veneziano – que se estendia do Báltico à América do Norte, às Índias Orientais e ao sul da África –, no qual os estabelecimentos coloniais eram um interesse secundário, ou auxiliar. Disso, por exemplo, é indicativo o fato de os holandeses terem sido líderes no tráfico de escravos, mas muito menos dominantes na exploração de fazendas de escravos. O comércio era a condição básica da vida holandesa de forma sem precedentes e em grau sem paralelo. Em outras sociedades não capitalistas, mesmo aquelas com economias comerciais bem desenvolvidas, grandes parcelas da população, geralmente a maioria, era de camponeses que supriam as próprias necessidades alimentares e produziam outros itens necessários, indo ao mercado apenas para complementar suas práticas cotidianas de sobrevivência. No norte marítimo da Holanda até os fazendeiros eram dependentes do comércio para suas necessidades básicas de alimentação, especialmente grãos, e vendiam outras mercadorias semiluxuosas – particularmente laticínios e carnes – para comprar as necessidades básicas. Assim, a base da economia interna holandesa dependia do comércio internacional, e isso geraria um forte impulso para a criação de um grande império comercial[4].

Como as condições ecológicas da agricultura na região tornavam o país cada vez mais dependente de grãos alimentares do exterior, os holandeses desenvolveram seu próprio aparelho comercial para satisfazer suas necessidades básicas. Crucialmente, logo eles dominaram o comércio báltico, o que lhes deu acesso privilegiado ao grão de baixo preço. No processo de atender às próprias necessidades, tornaram-se um elo essencial na divisão europeia de trabalho e uma importante conexão com o mundo fora da Europa. Um resultado foi a intensa urbanização, para atender à crescente economia comercial, criando uma proporção da população urbana para a rural sem paralelo em nenhum outro lugar na Europa. A partir do século XVI, as cidades passaram a dominar a sociedade holandesa, e essa dominância, por sua vez, modelou a economia rural.

A urbanização, alimentada pelo papel da república no comércio internacional, transformou a economia rural de pelo menos duas formas. À medida que a população urbana inchava a serviço da crescente dominância da república em navegação, comércio e, finalmente, finanças, o crescente setor urbano oferecia novos mercados para bens agrícolas. Oferecia, ao mesmo tempo, novas fontes de riqueza para explorar novas oportunidades de lucro, e investidores urbanos na agricultura se tornaram a característica principal da cena rural. Foi esse, na verdade, o fator crítico da transformação da economia rural holandesa, especialmente por meio do investimento urbano especulativo em recuperação de terras.

Então, o crescimento das cidades não dependeu diretamente da produtividade agrícola. Em certo sentido o contrário era verdade. As cidades cresciam por causa do (e eram mantidas pelo) desenvolvimento comercial holandês, o papel dos holandeses no sistema europeu mais geral. Isso significou que as cidades poderiam se expandir para muito além da capacidade da agricultura do país para sustentá-las, desde que surgissem as oportunidades externas de comércio. A riqueza daquelas cidades dependentes do comércio não era limitada pelas restrições da produção doméstica. O desenvolvimento urbano aumentava a demanda agregada, que, por

---

[4]   Discuto a economia holandesa em detalhe em "The Question of Market Dependence", *Journal of Agrarian Change*, v. 2, n. 1, jan. 2002, p. 50-87. A discussão se baseia muito na evidência fornecida por Jan de Vries e Ad van der Woude em *The First Modern Economy: Success, Failure and Perseverance of the Dutch Economy, 1500-1815* (Cambridge, Cambridge University Press, 1997), apesar de eu chegar a conclusões diferentes sobre o caráter não capitalista. Meu artigo no *JAC* desenvolve uma discussão oriunda de um trabalho anterior de Robert Brenner na mesma publicação, "The Low Countries in the Transition to Capitalism", *JAC*, v. 1, n. 2, abr. 2001, p. 169-241, que trata a economia holandesa como capitalista.

sua vez, incentivava o aumento da produtividade agrícola (assistida pelo capital urbano), não tanto para enfrentar as condições competitivas como para atender à demanda crescente, com um número relativamente pequeno de produtores atendendo a uma proporção anormalmente alta de consumidores.

Esse grau sem precedentes de comercialização e a penetração das relações de comércio nas economias rural e urbana podem sugerir um capitalismo razoavelmente desenvolvido. Ainda assim a República Holandesa, de muitas formas fundamentais, operava de acordo com princípios familiares não capitalistas, acima de tudo na sua dependência dos poderes extraeconômicos de apropriação. Em particular, sua dominância comercial não foi conquistada à maneira de um empreendimento capitalista, em resposta a pressões de preço/custo num mercado competitivo em que a vantagem depende da produtividade crescente do trabalho. A supremacia holandesa, tal como a de impérios comerciais anteriores, dependeu em grande parte de vários tipos de superioridade extraeconômica, particularmente em navegação e tecnologia militar. Apesar de ser verdade que os mercadores holandeses investiram pesadamente na produção, tanto urbana quanto rural, desde que existissem amplas oportunidades de mercado, e os holandeses foram pioneiros em muitos melhoramentos da produtividade do trabalho, inclusive na agricultura, não está de forma alguma claro que eles tenham sido movidos pelo tipo de pressão competitiva associada ao capitalismo.

A produtividade agrícola no primeiro caso parece ter sido aumentada não tanto por pressão da competição como em resposta à demanda crescente numa economia com um desequilíbrio entre os consumidores urbanos e os rurais – e continuou em resposta a mercados crescentes de exportação, especialmente os de artigos de luxo e semiluxo. Mais particularmente, os produtores agrícolas holandeses responderam à influência das economias de baixo custo, especialmente as produtoras de grãos, não por competir com elas, mas por usar sua dominância comercial para ganhar vantagens em relação aos produtores estrangeiros.

Os fazendeiros holandeses passaram originalmente da produção de grãos para a de laticínios sob a influência do baixo preço de grãos importados do Báltico porque obtinham cada vez mais grãos por libra de manteiga (bem como de carne e couro) que vendiam. O acesso privilegiado aos grãos de baixo preço – resultante da sua dominância extraeconômica em navegação e comércio – contrastava com os preços dos "luxos relativos" que eles próprios produziam. Importar grãos baratos reduzia os custos de produzir outras mercadorias de preços mais altos. Então, a produção holandesa de grãos pode ter sido substituída pela produção de mais baixo custo dos seus "competidores", mas teve o efeito não de criar pressões de preço/custo ou reduzir as margens de lucro da agricultura holandesa, mas, pelo contrário, de incentivar a produção de mercadorias de maior preço e mais lucrativas. A produção de grãos a baixo custo fora do país baixou os custos dos insumos para os produtores holandeses, mas não o preço de seus produtos; sua dominância comercial lhes permitiu desfrutar dos benefícios do oposto das pressões de preço/custo que movimentam a produção competitiva numa economia capitalista.

Em outras palavras, se os holandeses estiveram sujeitos à competição, ela foi menos semelhante à competição de preço capitalista que à rivalidade extraeconômica de um tipo não capitalista. Os grãos do Báltico, produzidos a custos determinados por condições da região de origem, e especialmente nos locais mais pobres, eram comprados e transportados por mercadores holandeses que tinham clara dominância no comércio báltico. Essa dominância não tinha nada a ver com os custos de produção da mercadoria comercializada. Os holandeses dominaram o comércio báltico porque controlavam as rotas marítimas por meio de navios e poder naval superiores.

Se a prosperidade holandesa na "Idade de Ouro" da república dependeu de uma ligação entre produção e comércio, essa talvez sempre tenha sido uma conexão tênue, e certamente muito mediada, possivelmente vulnerável à ruptura. É forçoso admitir que a Idade de Ouro viu os produtores holandeses se adaptarem com considerável flexibilidade à mudança das condições e transformarem a produção para atender à expansão das oportunidades comerciais; e os fazendeiros holandeses continuaram a ser notavelmente flexíveis em suas respostas à mudança econômica[5]. Com sua liberdade relativa para adaptar a produção dessa forma, eles foram muito diferentes dos camponeses produtores em outras sociedades, cujas estratégias de sobrevivência envolviam necessariamente restrições às mudanças na produção impostas pela limitação de recursos ou por práticas costumeiras, necessidades comunitárias e regulamentos. Mas grande parte de seu sucesso dependeu do papel comercial da república e de seus mercadores, cujas ligações com a produção interna foram sempre, por assim dizer, distantes. Quando a economia europeia entrou em crise no final do século XVII, e o mercado para artigos de luxo ou semiluxo se contraiu, o comércio holandês separou-se cada vez mais da produção doméstica.

Já se afirmou que "o comércio externo raramente age como o motor do crescimento de uma economia" e que depois de enfraquecida a ligação entre a produção interna e o comércio internacional, e de terem os holandeses começado a se valer da sua "sofisticação comercial" sem ligação com a produção interna, a economia teria de interromper o crescimento e se tornar "menor que a soma das suas partes"[6]. Mas talvez o recurso à sofisticação comercial, por oposição à produção competitiva, tenha sido sempre essencial à economia holandesa. Os interesses comerciais que dominavam a economia sempre foram, em certo sentido, semidestacados da produção doméstica, estando prontos a desviar seus investimentos para outros campos, geralmente não produtivos. Sua vocação, em resumo, sempre foi a circulação, não a produção, e o lucro era gerado por esse meio.

Sob esse aspecto, a República Holandesa não foi diferente das cidades-Estado comerciais italianas. E também aqui, como em outros Estados não capitalistas, como os impérios antigos e as cidades-Estado italianas, o cargo público era uma fonte importante de renda privada, um meio de extrair excedentes dos produtores diretos, urbanos e rurais, para encher os bolsos dos funcionários estatais. A proporção dessas ocupações em relação à população das cidades holandesas era excepcionalmente

---

[5]   Ver Joyce Mastboom, "On Their Own Terms: Peasant Households' Response do Capitalist Development", *History of Political Thought*, v. 21, n. 3, 2000, e "Protoindustrialization and Agriculture in the Eastern Netherlands", *Social Science History*, v. 20, n. 2, p. 235-58.

[6]   Jan de Vries e Ad van der Woude, *The First Modern Economy*, cit., p. 502.

O IMPÉRIO DO COMÉRCIO

alta e lucrativa. Quando, depois de 1660, as oportunidades comerciais começaram a rarear, o valor de um cargo como fonte de renda se tornou ainda mais evidente, e a elite governante de funcionários tinha em alguns lugares (principalmente na Holanda) renda mais alta que qualquer outro grupo. A renda total mais alta era a dos rentistas (um fato significativo por si só), mas "não menos que nove das quinze ocupações com as rendas médias mais altas estavam no setor público", inclusive as seis ocupações com renda maior[7].

Quem não abandonava o comércio pelos cargos públicos exibia de outras maneiras uma lógica não capitalista. Os interesses comerciais clássicos dos mercadores cujos lucros resultavam da circulação, e não da produção, se afirmavam com mais força que nunca. Eles preferiam abandonar a produção doméstica em favor de meios mais lucrativos de comerciar mercadorias produzidas em outros lugares, buscando reviver velhas companhias monopolísticas ou mesmo, como foi o caso de uma empresa comercial, ganhar o monopólio de cartas de navegação. Ao contrário da Inglaterra, que respondeu ao declínio do mercado europeu investindo em inovações redutoras de custo, os holandeses *des*investiram e se voltaram a, ou intensificaram, formas não capitalistas de comércio ou a apropriação extraeconômica, riqueza rentista e cargos públicos. A direção do desenvolvimento econômico holandês não foi determinada pelo interesse dos produtores competitivos, mas pelas necessidades dos mercadores e funcionários.

No recurso ao poder extraeconômico para o ganho econômico, e nos meios extraeconômicos de apropriação, a economia holandesa seguiu uma lógica essencialmente não capitalista; aqui, como em outras partes, o poder militar era essencial. Nos primeiros anos da República Holandesa, quando ela entrava nos seus anos dourados, os gastos militares representavam uma proporção maior das rendas tributárias excepcionalmente altas da república que qualquer outra atividade, e os holandeses se engajaram em atos notórios de agressão, como a captura de navios carregados de tesouros ou o massacre de mercadores rivais[8]. Apesar de sua superioridade de frota e navegação, além dos instrumentos financeiros sofisticados, geralmente tornarem possível aos holandeses o domínio do comércio sem entrar em confronto direto com seus rivais, a força militar era necessária para dominar as rotas comerciais, impor os monopólios e excluir estados rivais de vários mercados.

De início, os holandeses voltaram sua atenção primariamente para o acesso às rotas comerciais e mercados através da Europa e da Ásia, e para a capacidade de suas companhias mercantes e comerciais, como a Companhia Holandesa das Índias Orientais, de lutar agressivamente por seus interesses. Mas quando os rivais ingleses e franceses ameaçaram sua supremacia eles passaram a se interessar por colônias comerciais e lançaram um programa de conquista colonial tão implacável quanto qualquer outro – apesar de, mesmo nesse caso, o objetivo ser em grande parte a facilitação do comércio. Assim, por exemplo, suas colônias no sul da África foram fundadas com o objetivo de fornecer provisões a navios comerciais. A força

---

[7] Ibidem, p. 596.
[8] Sobre a escala da tributação holandesa inicial e seus usos, ver ibidem, especialmente p. 100 e 111.

59

militar também era útil de outras maneiras – basta ver o papel desempenhado pelos holandeses na "Revolução Gloriosa" da Inglaterra, que deu a monarquia inglesa ao holandês Guilherme de Orange e à sua mulher Mary. Não importa o que os ingleses possam ter pensado sobre sua revolução "sem sangue", os holandeses a conceberam como uma invasão, executada com o apoio não só do Estado, mas também da bolsa de valores de Amsterdã, por razões puramente comerciais, num esforço para enfrentar a rivalidade comercial da França colocando um aliado confiável no trono da Inglaterra.

Os holandeses então aperfeiçoaram o imperialismo comercial, cujo principal objeto não era imposto, terra, ouro nem trabalho escravo (embora eles não tenham desprezado essas outras vantagens), mas a supremacia no comércio. Apesar de outras potências comerciais terem se engajado na expansão imperial para assegurar mercados e rotas de comércio, nenhuma tinha desenvolvido essa formação até o limite, como os holandeses. Eles também criaram a ideologia perfeita do imperialismo comercial – e isso merece um exame mais detalhado, porque diz muito sobre a lógica do imperialismo comercial não capitalista. Nos capítulos seguintes teremos ocasião de fazer observações sobre as diferenças entre os requisitos ideológicos do imperialismo capitalista e os do império comercial mais altamente desenvolvido.

A IDEOLOGIA DO IMPERIALISMO COMERCIAL

Os holandeses, na pessoa de Hugo Grócio (1583-1645), criaram uma ideologia que se ajustava a seus meios "extraeconômicos" de estabelecimento de uma supremacia comercial[9]. Não é de surpreender que esse modo de ideologia imperial tenha assumido acima de tudo a forma de uma teoria sobre os erros e acertos da guerra. O caso de Grócio é particularmente importante e revelador porque lhe é comumente creditada a fundação do direito internacional, e sua obra costuma ser apresentada como uma teoria das *limitações* da guerra. Ainda assim, essa obra, com clássicos como *Mare Liberum* [Mar livre] e *De Jure Belli ac Pacis* [O direito de guerra e paz], é notável por seu oportunismo ideológico, construído de maneira transparente para defender as práticas muito particulares dos holandeses na sua busca por dominação comercial no início do século XVII.

O próprio Grócio tinha ligações com a Companhia Holandesa das Índias Orientais; e, apesar de ter sido exilado da república quando a facção dominante com a qual ele estava associado foi derrotada pelos rivais, nunca deixou de apoiar o projeto imperial holandês. Para construir sua causa, ele não só criou uma teoria da guerra e da paz, mas lançou as bases para transformar teorias de política e propriedade em geral[10]. Se Grócio é realmente o fundador do direito internacional, talvez tenhamos de admitir que essa ciência, no início, teve tanto a ver com a advocacia quanto com a limitação da guerra, e tanto a ver com o lucro quanto com a justiça.

---

[9] Esta seção é baseada no meu artigo "Infinite War", *Historical Materialism,* Londres, v. 10, n. 1, 2002.

[10] Para uma interpretação provocativa e persuasiva de Grócio, ver Richard Tuck, *The Rights of War and Peace: Political Thought and the International Order from Grotius to Kant* (Oxford, Oxford University Press, 1999).

Grócio soube justificar não somente as guerras de autodefesa, ainda que concebidas com ampla latitude, mas também as guerras mais agressivas empreendidas sem outra razão que não o lucro comercial. Em resposta ao requisito tradicional de que uma guerra só será justa se conduzida pela autoridade apropriada, ele tentou demonstrar que tal autoridade podia estar investida não só em Estados soberanos, mas também nas companhias comerciais privadas, que podiam legitimamente se engajar nos atos militares mais agressivos em busca de vantagem comercial para si próprias. De fato, os mesmos princípios geralmente citados como centrais para suas *restrições* à guerra podem ter, e deveriam ter, o efeito oposto.

Grócio, como outros teóricos do século XVII, recebeu crédito por algo semelhante a uma concepção do estado da natureza, segundo a qual os indivíduos possuem direitos naturais anteriores à sociedade civil e dela independentes. Ao mesmo tempo, Estados que não podem ter poderes que os indivíduos já não têm na natureza, devem, segundo ele, como indivíduos, ser governados pelos mesmos princípios morais. Embora seja geralmente considerada como uma imposição de condições estritas sobre a busca legítima da guerra, essa concepção, com todo o seu amplo leque de implicações para a teoria política em geral, foi elaborada por Grócio (numa época em que os holandeses embarcavam na expansão comercial nas Índias) para defender a ação militar agressiva, não somente por parte dos Estados, mas também por comerciantes privados – ação como a tomada de navios portugueses – com o pretexto de que indivíduos, como os Estados e mesmo antes deles, têm o direito de punir quem lhes causa prejuízo. Grócio, como explica Richard Tuck, "fez esta afirmação notável de que não existe diferença moral significativa entre indivíduos e Estados, e de que ambos podem usar a violência do mesmo modo e para os mesmos fins"[11].

Mas usar a violência em busca de vantagem comercial, seja por Estados ou mercadores privados, não parece autodefesa. Por isso Grócio seguiu adiante e construiu efetivamente toda uma teoria política sobre o princípio de que a autopreservação é a primeira e mais fundamental lei da natureza, e em seguida definiu a autopreservação da maneira mais ampla, significando, em primeiro lugar, que os indivíduos e os Estados têm permissão, e às vezes até obrigação, de adquirir para si mesmos "as coisas que são úteis para a vida". Apesar de não poderem, no processo, prejudicar outros que não os tenham prejudicado, sua própria autopreservação tem prioridade.

A noção de injúria de Grócio é amplamente permissiva, enquanto os princípios morais a que indivíduos e Estados estão sujeitos são mínimos. A noção de algum tipo de sociedade internacional unida por certas regras comuns é vista como uma de suas maiores contribuições para o direito internacional e para uma ordem mundial pacífica. Mas seus argumentos tiveram muito menos a ver com o que indivíduos e Estados devem uns aos outros do que com o direito que têm de punir uns aos outros na busca de seus interesses próprios, não somente para se defender de ataques, mas, como que "proativamente", em rivalidades puramente comerciais. De

---

[11] Ibidem, p. 85.

acordo com Tuck, "Grócio endossou para o Estado o conjunto mais abrangente de direitos de fazer guerra disponíveis no repertório da época"[12].

Esse conjunto incluía não somente o amplo direito de punição, mas também, finalmente, o direito de apropriar território. Para reforçar esse direito, Grócio foi obrigado a desenvolver uma teoria da propriedade – e nisso seu oportunismo ideológico é particularmente notável.

No primeiro caso, sua principal preocupação ao construir a teoria da propriedade foi argumentar a favor da liberdade dos mares e contestar os direitos de rivais comerciais, como os portugueses, de reivindicar a propriedade dos mares e monopolizar as rotas de comércio. Só poderemos ter um direito de propriedade, declarou ele, sobre coisas que podemos consumir ou transformar individualmente. O mar não pode ser propriedade porque, como o ar, não pode ser ocupado ou usado dessa forma e é, portanto, uma posse comum. Ademais, o que não pode ser propriedade privada, afirmou ele (indo de encontro à concepção tradicional de jurisdição política), também não pode, pelo mesmo motivo, ser propriedade pública do Estado, pois tanto a propriedade privada como a pública se realizam da mesma forma. Nenhum governo pode ter jurisdição onde o tipo de controle implicado pela propriedade é impossível mesmo em princípio.

Não é difícil ver como a intervenção militar poderia ser justificada por essas razões contra aqueles cujo único erro tinha sido reivindicar um direito, até então aceito, de jurisdição do Estado sobre águas próximas, bem como o direito de regular certas áreas de pesca ou rotas de comércio. Evidentemente, esse princípio não evitou a monopolização *de facto* do comércio, que os holandeses procuravam em certos lugares onde simplesmente coagiam a população local, estabelecendo monopólios, forçando tratados e ao mesmo tempo repelindo agressivamente os rivais europeus.

Nesse ponto, Grócio estava, em certo sentido, mais preocupado com o que *não* é propriedade que com o que é. Para fins de defesa das práticas comerciais holandesas, e em particular das ações da Companhia das Índias Orientais, bastava insistir na liberdade dos mares e no direito de perseguir agressivamente interesses comerciais. Mas, como mostra Tuck, o desvio da política comercial holandesa, a partir do qual as companhias mercantis passaram a se interessar mais por estabelecimentos coloniais, inspirou Grócio a mobilizar sua antiga teoria da propriedade para abranger também esse requisito.

Depois de argumentar que algo somente poderia se tornar propriedade se pudesse ser consumido ou transformado individualmente, o que era verdade com relação à terra, mas não ao mar, ele agora elaborava o outro lado desse argumento: se coisas utilizáveis não fossem usadas, não havia nelas propriedade, e portanto as pessoas podiam apropriar-se de terra deixada sem uso por outros. Grócio alegava que nenhuma autoridade local podia evitar legitimamente a livre passagem ou a ocupação de terra sem uso, e toda tentativa de fazê-lo poderia ser contestada por meios militares. Entretanto, como a terra, ao contrário do mar, era em princípio suscetível de transformação em propriedade, era também suscetível à jurisdição

---

[12] Ibidem, p. 108.

política. Grócio nunca negou que as autoridades indígenas tinham jurisdição geral sobre a terra – algo que as companhias mercantis holandesas aceitavam ao procurar a aprovação dessas autoridades locais, chegando a lhes pagar para tomar a terra da sua jurisdição. Mas permanecia o princípio básico: terra deixada sem uso ou estéril – ou seja, sem cultivo – não era propriedade e poderia ser ocupada por quem fosse capaz e tivesse disposição de cultivá-la. O argumento de Grócio tinha claras afinidades com o princípio legal romano de *res nullius*, que decretava que toda "coisa vazia", como terra não ocupada, era propriedade comum até ser posta em uso – no caso da terra, especialmente uso agrícola. Essa seria uma justificação comum da colonização europeia[13].

Grócio criou uma teoria de política, propriedade e guerra que serviu de forma abrangente aos propósitos do império mais inteiramente comercial do mundo. Mas ela não seria suficiente para um novo tipo de imperialismo que já surgia em outros países. Nos próximos capítulos, vamos acompanhar o desenvolvimento de um modo unicamente capitalista de imperialismo, que exigiu práticas e teorias diferentes, não adotadas antes nem mesmo para as justificações mais agressivas do império.

---

[13] Anthony Pagden tem uma discussão útil sobre esse princípio e seu uso, particularmente pelos ingleses e, em menor grau, pelos franceses, e sobre as razões para sua ausência na ideologia imperial espanhola. Ver *Lords of All the World*, cit., p. 77. O princípio foi obviamente mais útil nos casos em que o imperialismo assumia a forma de colônias que deslocavam as populações locais e tiveram pouca utilidade para os espanhóis, com seu império de conquista explícita de territórios em geral densamente habitados e cultivados.

4
Uma nova espécie de império

Todos os grandes impérios europeus se valeram de colônias em maior ou menor grau, mas aquelas de colonos brancos foram a essência do imperialismo britânico de uma forma que não se aplica a nenhum outro. Os britânicos, e particularmente os ingleses no começo do Império, viam-se como o primeiro império desde Roma a ter sucesso no aumento do poder imperial por meio da colonização. Nos outros casos europeus que estudamos até aqui, o império era uma questão de dominação do comércio ou um meio de extração de recursos preciosos, em grande parte por meio do trabalho nativo. Apesar de essas duas formas de imperialismo, desnecessário dizê-lo, exigirem graus substanciais de colonização, para os ingleses esta se tornou um fim em si mesmo, e nenhuma outra potência imperial se valeu das colônias de brancos no mesmo grau.

Foi também a Inglaterra a primeira a ver o surgimento de um sistema capitalista e a criar uma forma de imperialismo movido pela lógica do capitalismo. A combinação de relações sociais capitalistas de propriedade e a expropriação pela força do território colonial pode parecer contradizer a afirmação de que o capitalismo se caracteriza por modos econômicos de apropriação, em comparação com as formas extraeconômicas que dominaram as sociedades não capitalistas. A colonização pode parecer uma forma mais antiga, menos capitalista, de poder imperial do que o imperialismo comercial, cujo principal objetivo não é a apropriação de território, mas simplesmente a supremacia no comércio. Ainda assim, a colonização inglesa, em comparação com o imperialismo comercial veneziano ou holandês, foi aquela que respondeu aos imperativos do capitalismo.

Colonia

Em 1516, Thomas More, no seu clássico *Utopia*, tornou-se o primeiro escritor inglês a retomar o antigo conceito romano de *colonia* para designar a colonização de terras estrangeiras. Os habitantes de sua Utopia, propôs ele, enviariam a população excedente para fundar colônias em outros territórios. No livro II, More sugere que, idealmente, ocupar as terras coloniais e torná-las frutíferas seria vantajoso tanto para os colonos como para as populações nativas. Mas em alguns casos os colonos poderiam justificar a tomada de terra pela força, mesmo que isso tornasse necessário o deslocamento coercivo dos povos nativos. Se os povos locais não se mostrassem dispostos a aderir ao modo de vida produtivo dos colonos, a terra não aproveitada poderia ser tomada por quem a tornasse produtiva. Nesses casos, os colonos teriam, pela lei natural, o direito de apropriar a terra sem a permissão (e aqui ele vai além de Grócio, mais de um século depois) de qualquer autoridade local.

> Se houver qualquer crescimento em toda a ilha, eles escolhem alguns cidadãos de várias cidades e os enviam ao continente vizinho, onde, se descobrirem que os habitantes têm mais solo do que conseguem cultivar, eles fixam uma colônia [*colonia*], acolhendo os habitantes em sua própria sociedade, se estes se dispuzerem a viver com eles; e, onde o fizerem por decisão própria, logo entram no novo modo de vida e se conformam às suas regras, e isso é uma felicidade para as duas nações; pois, conforme a sua constituição, o cuidado do solo será tal que ele se tornará produtivo o bastante para ambas, embora possa ser, de outro modo, estreito e estéril demais para apenas uma das duas. Mas se os nativos se recusarem a se conformar às suas leis, eles os expulsam das fronteiras que tiverem traçado para si mesmos e usam a força se resistirem. Consideram uma causa justa para a guerra uma nação impedir outros de possuir um solo de que não faz uso, jazendo ocioso e sem cultivo, já que todo homem tem, pela lei da natureza, o direito a tal pedaço abandonado de terra conforme seja necessário para sua subsistência.

Mais tarde, durante o século XVI, a Inglaterra daria início a um brutal empreendimento colonial, justificando a expropriação forçada das populações locais em termos muito semelhantes aos do projeto utópico de More. Mas os ingleses iriam além, estendendo os princípios delineados por More para abranger não somente a terra completamente sem uso ou cultivo, mas também a que não estivesse sendo usada para gerar frutos *suficientes* ou da forma correta, pelos padrões da agricultura comercial inglesa.

Essa concepção de colonização deve ser entendida contra o pano de fundo dos acontecimentos internos da Inglaterra. Afinal, foi ali que a "colonização" de terra aconteceu pela primeira vez de uma forma que iria determinar a direção da expansão imperial inglesa. No século XVI, houve a aceleração evidente de um processo que já acontecia durante algum tempo e que iria estabelecer não somente os princípios da agricultura capitalista no país, mas também a lógica do império.

Novas terras retiradas das "*waste*"* e trazidas para o cultivo, junto com as terras próprias arrendadas pelos senhores, foram cada vez mais sujeitas a novas formas de arrendamento, diferentes dos arrendamentos de acordo com o costume que dominaram as relações entre senhores e camponeses e as relações dos dois com a terra; e esses novos arrendamentos iriam substituir as antigas formas. Mesmo os arrendamentos de costume geralmente funcionavam de acordo com os novos princípios, e as leis antigas que definiam restrições a eles foram substituídas pelos conceitos do direito comum relativos à propriedade privada exclusiva. Os arrendamentos não mais sujeitos às restrições dos arrendamentos definidos pelo costume

---

* *Waste lands*, em inglês, eram as terras dos senhores feudais na Inglaterra deixadas para uso comum como pastos, estradas etc. (N. T.)

passaram a responder ao mercado. Os proprietários da terra podiam alterar o valor do arrendamento de acordo com as condições de mercado e fazer das "melhorias" uma condição de arrendamento para aumentar a produtividade e o lucro, e nessa condição eles provavelmente só seriam acessíveis a fazendeiros já bem-sucedidos, capazes de realizar tais benfeitorias. Isso não significava que os aluguéis seriam necessariamente muito altos, apesar da tendência de aumento pela melhoria da terra. Às vezes se chegava a um meio termo entre dar ao arrendatário segurança suficiente para incentivar benfeitorias e cobrar um bom aluguel (e geralmente o equivalente à compra do arrendamento sob a forma do pagamento de luvas) de arrendatários prósperos.

Quando os proprietários de terra perderam seus poderes extraeconômicos para um Estado cada vez mais centralizado, processo acelerado pela monarquia Tudor, sua riqueza passou a depender de forma crescente da produtividade e do sucesso comercial de seus locatários. Isso, por sua vez, aumentou a pressão para concentrar as terras nas mãos dos proprietários e dos fazendeiros bem-sucedidos, que tinham capital e flexibilidade para fazer uso mais lucrativo da terra. Com essa pressão, o cercamento da terra comum e dos campos abertos, por acordo comunal ou por trocas entre pequenos proprietários, cedeu espaço para um processo mais coercivo de extinção de direitos costumeiros, expulsando os pequenos produtores da terra e excluindo a comunidade da regulação da produção. Mesmo sem a expulsão coerciva, a posse costumeira foi gradualmente substituída por arrendamento econômico e aluguéis competitivos. A crescente polarização entre fazendeiros capitalistas bem-sucedidos e meeiros operando de acordo com princípios antigos – por meios puramente econômicos – apressou o deslocamento dos pequenos produtores com aluguéis inflexíveis e sem os meios nem os incentivos para produzir competitivamente.

Embora esses processos tivessem um longo período de preparação, o século XVI, como explicou R. H. Tawney há muito tempo, marca o auge da transição da "concepção medieval da terra como a base das funções e obrigações políticas da visão moderna desta como investimento gerador de renda"[1]. Enquanto os senhores feudais dependiam do seu domínio sobre os homens tanto para o trabalho quanto para o serviço militar, o novo tipo de proprietário de terras dependia cada vez mais dos lucros comerciais gerados por sua terra. Os corretores e avaliadores passaram a se interessar pela medida do valor puramente econômico da terra – o valor dos aluguéis que podiam ser cobrados ou os trabalhos obrigatórios que antes tinham constituído o principal valor da terra para seus proprietários senhoriais.

As novas relações entre senhores e locatários afetaram inevitavelmente suas relações com a terra e o significado da propriedade em si. Quando a produtividade e a lucratividade da agricultura passaram a ser as principais preocupações de proprietários e locatários, o valor da terra passou cada vez mais a depender de suas "melhorias", seu uso produtivo e lucrativo – primeiro, no sentido de que o êxito na agricultura comercial deu aos fazendeiros acesso privilegiado a mais e melhores

---

[1] R. H. Tawney, *The Agrarian Problem in the Sixteenth Century* (Londres, Longmans, Green & Co., 1912), p. 189.

terras; depois, no sentido de que mesmo os direitos legais de propriedade estavam sujeitos a tais requisitos. Melhorias, por exemplo, às vezes eram o fato decisivo nas disputas judiciais em torno do cercamento. Tais concepções de direitos de propriedade estavam fixadas em novos princípios de valor que se desenvolveram a partir de cálculos rudimentares de avaliadores, ao medir o aumento de renda "perdida" em benefício dos locatários costumeiros que pagavam menos que o aluguel de mercado, para elaborar teorias econômicas em que o valor era criado na produção, e não simplesmente derivado da disparidade das trocas comerciais.

Esta, então, foi a lógica do capitalismo agrário, que se desenvolvia gradualmente no campo inglês, e com ela vieram os novos princípios da expansão imperial. A história do início do capitalismo agrário – o processo de colonização doméstica, a retirada da terra do uso comunitário, seu desenvolvimento, cercamento e novas concepções de direitos de propriedade – foi reproduzida na teoria e prática do Império.

A COLONIZAÇÃO DA IRLANDA

É notável que, apesar de sua competência em navegação, a Inglaterra tenha demorado a partir para a corrida da supremacia comercial europeia. Quando ela embarcou seriamente na expansão de além-mar, o fez não somente para assegurar acesso comercial para seus mercadores e companhias mercantis, pois nessa época seu desenvolvimento econômico interno já tinha gerado outros princípios imperiais. Os "laboratórios" desse novo império não estavam além-mar, mas mais próximos, nas regiões fronteiriças das Ilhas Britânicas, acima de tudo na Irlanda[2].

"A lição mais poderosa demonstrada pela experiência irlandesa", escreve um historiador do Império Britânico na Irlanda, "é que o estabelecimento de colônias, segundo o modelo dos romanos, foi viável no mundo moderno, e a principal característica do futuro Império Britânico no espectro dos impérios de além-mar é o lugar proeminente conferido às colônias de fundação branca dentro dele"[3]. Ele poderia ter acrescentado que a lição mais poderosa demonstrada pela experiência agrária no país foi o fato de o estabelecimento colonial ter sido possível no mundo moderno sobre uma nova base.

No fim do século XVI, diante da desordem e rebelião na Irlanda, o Estado Tudor deu início a um novo projeto brutal de colonização. O que havia de novo nesse projeto não era a mobilização de uma parceria público-privada, incentivando colonos privados a se instalarem ali. A Irlanda já tinha sido há muito colonizada por nobres ingleses, e o Estado, tal como acontecia durante a Idade Média, usou nobres militares mais ou menos feudais para subjugar "os irlandeses selvagens". Mas, no século XVI, esse modo feudal de dominação imperial tinha fracassado como meio da dominação colonial; e as tentativas de impor ordem pela incor-

---

[2] "Laboratórios do império" é a frase usada por Jane Ohlmeyer, "'Civilizing of Those Rude Parts': Colonization within Britain and Ireland, 1580s-1640s", em Nicholas Canny (org.), *The Origins of Empire* (Oxford, Oxford University Press, 1998), p. 146. Sobre o processo de subjugação e "unificação" das Ilhas Britânicas, ver Steven G. Ellis e Sarah Barber (orgs.), *Conquest and Union: Fashioning a British State: 1485-1725* (Londres/Nova York, Longman, 1995).

[3] Nicholas Canny, "The Origins of Empire: An Introduction", em *The Origins of Empire*, cit., p. 15.

poração da Irlanda ao Estado inglês claramente não estavam funcionando, entre outras razões porque antigas famílias nobres inglesas reivindicavam controle sobre seus territórios e o impunham com suas próprias forças militares. Guerra e roubo entre os nobres ingleses eram uma ameaça constante à ordem. Para estabelecer o controle sobre os irlandeses e os antigos ingleses (católicos), a monarquia Tudor, quando consolidou o Estado inglês, lançou uma política de colonização muito mais agressiva, que seria "o principal legado da Irlanda elisabetana tardia para a colonização inglesa no Novo Mundo"[4].

O objetivo era certamente a conquista, mas conquista militar não seria suficiente. Nem os ingleses se valeriam apenas da imposição de seu governo e de seu direito sobre os recalcitrantes irlandeses. A política não era apenas impor o governo inglês, mas transformar a própria sociedade irlandesa por meio da *plantation*, o estabelecimento de colonos ingleses e escoceses que tomariam a iniciativa de tornar a terra produtiva. A intenção declarada era reproduzir as relações sociais de propriedade do sudeste da Inglaterra, introduzindo a forma de relação proprietário-locatário que vinha se estabelecendo no campo inglês, com o objetivo de reproduzir a agricultura comercial inglesa. O efeito não seria apenas "civilizar" os irlandeses, mas também, ou parece ter sido esta a intenção, absorver a Irlanda na economia inglesa, tornando-a dependente em uma forma que tentativas de integração política e legal até então tinham fracassado.

Às vésperas do novo programa colonial, áreas da Irlanda já dominadas pelos ingleses tinham introduzido, até certo ponto, a agricultura inglesa. Mas a política então era a transformação em grande escala das relações agrárias, mesmo, ou especialmente, em áreas ainda dominadas por práticas e relações sociais nativas. Os ingleses procuravam erradicar o sistema irlandês de propriedade em favor do estilo inglês de arrendamentos comerciais, e substituir o que foi chamado de "economia redistributiva orientada para o consumo" por uma economia comercial, movida pelos imperativos de mercado[5]. Os governantes irlandeses, bem como os nobres ingleses, que usavam seu poder extraeconômico para extorquir impostos daqueles sob sua autoridade, seriam substituídos por proprietários de terras cuja riqueza vinha das rendas geradas por locatários engajados na agricultura comercial produtiva. Esses efeitos seriam atingidos acima de tudo pela expropriação e pelo deslocamento em grande escala dos irlandeses, com títulos de terras dados aos ingleses e escoceses – embora alguns proprietários irlandeses tenham conseguido manter sua terra passando eles próprios a introduzir "melhorias" e chegando mesmo a aceitar locatários ingleses e escoceses.

A primeira grande *plantation* desse tipo aconteceu em Münster, na década de 1580, e envolveu um grande número de colonos e uma enorme transferência de terras dos irlandeses para colonos ingleses e escoceses. Quando o Estado Tudor enfrentou o maior desafio à sua autoridade na província de Ulster, deu início, no começo do século

---

[4]   Steven Ellis, *Ireland in the Age of the Tudors, 1447-1603: English Expansion and the End of Gaelic Rule* (Londres/ Nova York, Longman, 1998), p. 15.
[5]   Jane Ohlmeyer, "'Civilizing of Those Rude Parts': Colonization within Britain and Ireland, 1580s-1640s", cit., p. 127.

IMPÉRIO DO CAPITAL

XVII, a um esforço ainda maior para transformar a Irlanda por meio de *plantations* e títulos de terras para ingleses e escoceses, além de irlandeses leais. Os resultados foram enormemente lucrativos para esses proprietários "melhoradores".

A *plantation* da província de Ulster produziu um dos documentos mais reveladores das primeiras iniciativas coloniais da Inglaterra. Sir John Davies, advogado, estadista, escritor e um dos principais arquitetos do imperialismo inglês na Irlanda, tinha uma visão particularmente cruel dos irlandeses e foi muito ativo em subjugá--los por conquista e expulsão ou transplantação direta. Ele justificou a *plantation* de Ulster invocando, por exemplo, a transplantação dos mouros na Espanha ou os clãs revoltosos das fronteiras escocesas. Mas também ofereceu uma justificativa mais esclarecedora.

Numa carta ao Conde de Salisbury, em 1610, depois de afirmar que o rei tinha direitos supremos sobre a terra, não somente pelo direito inglês, mas também pela lei costumeira irlandesa (que de qualquer maneira não passava de costume "lascivo" ou "desarrazoado"), Davies insistiu que o rei não somente tinha o direito, mas também a obrigação moral de tomar a terra irlandesa:

> Sua Majestade tem a obrigação moral de usar todos os cursos legais e justos para levar seu povo da barbárie à civilidade; essa omissão foi lançada como inculpação sobre a Coroa da Inglaterra. Ora, a civilidade não pode ser plantada entre eles por essa plantação de alguns dos nativos e o uso das suas terras de acordo com o Direito Comum; pois se coubesse a eles possuir o país inteiro, como o possuíram os seus ancestrais por muitas centenas de anos no passado, eles nunca, até o fim do mundo, construiriam casas, nem cidades, nem aldeias, não estercariam nem melhorariam a terra como deve ser feito; portanto não está de acordo nem com a política cristã nem com a consciência tolerar que um campo tão bom e frutuoso continue abandonado como um deserto, quando sua Majestade pode dispor dele para pessoas que nele façam uma útil plantação.
>
> Mais uma vez, sua Majestade pode seguir esse curso em consciência porque ele tende ao bem dos habitantes de muitas maneiras; pois metade daquela terra agora jaz abandonada, pois a que é habitada não é melhorada nem à metade do seu valor; mas quando os empreendedores (colonos) forem colocados entre eles [...] e aquela terra for completamente plantada e estercada, 500 acres terão melhor valor que 5.000 hoje.

O trecho é reminiscente de Thomas More, mas dá um importante passo além da justificação deste para a expropriação colonial sem a concordância das autoridades locais, para não mencionar o antigo princípio romano de *res nullius* e o direito de reivindicar terra desocupada. Para Davies, o critério não é a simples falta de ocupação, nem mesmo a falta de cultivo. A questão decisiva é o *valor*, entendido num sentido especificamente inglês. As terras irlandesas podem ser expropriadas não por estarem desocupadas (pois não estão), mas porque não são produtivas e lucrativas de acordo com os padrões da agricultura comercial inglesa. Seu valor é menos de um décimo do que valeriam com as melhorias no estilo inglês.

É impossível superestimar a significância desse movimento conceitual. Ele atesta os novos princípios de propriedade já introduzidos no campo inglês e agora invocados como justificação imperial. O Império Britânico não é mais simplesmente um meio de subjugação de populações para fins de impostos e tributos ou para extração de recursos preciosos. Também não é um meio de assegurar supremacia comercial pelo controle das redes de comércio. Podemos observar aqui a transição de concepções comerciais de lucro – os lucros de trocas desiguais, "comprar barato" e "vender caro" – para o lucro capitalista, o lucro derivado da produção competitiva, do aumento da produtividade permitida pelas "melhorias". E com essas novas concepções de propriedade e lucro vieram novas formas de colonização – e novas razões para ela. Se, como disse Tawney, a Inglaterra do século XVI marcou uma transição clara das concepções medievais de terra como fonte de serviços do trabalho e força militar para a de investimento gerador de lucro, o mesmo pode ser dito do modo de império do qual a Inglaterra foi pioneira na Irlanda.

O VALOR DO IMPÉRIO

Os mesmos princípios estariam em operação na brutal conquista de Oliver Cromwell várias décadas mais tarde. A Inglaterra tinha então uma força militar muito mais eficaz, um exército permanente que talvez tenha sido o melhor da Europa. Em resposta à rebelião irlandesa, Cromwell mobilizou intensamente essas forças. O objetivo, mais uma vez, era tirar as posses dos proprietários de terras irlandeses e substituí-los por colonizadores, dessa vez com uma expulsão mais generalizada de proprietários católicos. Alguns católicos teriam permissão de manter pequenos tratos de terra a oeste de Shannon, mas seu acesso ao mar e o contato com o exterior deveriam ser bloqueados por uma ocupação de soldados colonos.

Esse exercício massivo de colonização foi calculado para transformar toda a sociedade irlandesa mais completamente que em qualquer época anterior, e isso exigiu um planejamento elaborado. A condição mais importante era um levantamento das terras, o Levantamento Down, conduzido por William Petty, o avaliador geral de Cromwell, que deu à Irlanda a "duvidosa distinção de ser o país mais cuidadosamente levantado e mapeado da Europa"[6]. Petty, que mais tarde seria considerado por muitos o fundador da economia política clássica, tomou a iniciativa de não só mapear a terra, mas também avaliá-la para ser equitativamente distribuída entre os soldados de Cromwell e outros que tivessem contribuído para o empreendimento colonial, mas também com objetivos fiscais. Ele introduziu seus próprios critérios originais de avaliação, criando uma fundação para as concepções capitalistas de valor que já começavam a surgir na prática. Começando com um método de avaliação de terras, ele também apoiou a política comercial da Inglaterra; e com a teoria de valor veio a nova "ciência" capitalista da economia política.

No seu esforço de avaliação da lucratividade relativa da terra para determinar não só a distribuição, mas também os aluguéis adequados e os impostos associados a cada pedaço de terra, Petty sustentou que o valor não podia ser simplesmente determinado por trocas comerciais mais ou menos acidentais, "barganhas que alguns homens fazem uns com os outros, por ignorância, pressa, falsa sugestão ou, então,

---

[6] R. F. Foster (org.), *The Oxford History of Ireland* (Oxford, Oxford University Press, 1992), p. 122-3.

paixão ou bebida"[7]. No primeiro caso, seria necessário medir o "valor intrínseco" da terra, a medida completa das mercadorias que poderia produzir – por exemplo, o peso do feno produzido por um pedaço de terra em comparação com outro. Mas era necessário um passo adicional para permitir transações comerciais, o que exigia um meio constante de medir o "valor extrínseco" da mercadoria em termos monetários. Aqui, Petty introduziu uma inovação importante que iria afetar profundamente o desenvolvimento da economia política. O padrão comum de medida entre duas mercadorias completamente diferentes – um alqueire de feno, por exemplo, e a prata necessária para comprá-lo – era o trabalho necessário para produzi-los. Isso determinou o preço "natural" e também permitiu uma estimativa do aluguel adequado.

Petty não parou na medida do valor da terra. Em *The Political Anatomy of Ireland* [A anatomia política da Irlanda], de 1691, ele também calculou o valor comparativo dos seres humanos nas sociedades desenvolvidas em contraste com aqueles das não desenvolvidas. Partindo de um valor equiparável ao preço dos escravos africanos – cerca de 25 libras por um homem adulto –, Petty avaliou que a melhoria da Irlanda, sob os auspícios de um poder imperial cujo objetivo fosse transformar os irlandeses num povo completamente diferente, poderia elevar o valor de um irlandês até se igualar ao de um inglês, que valia 70 libras.

A "teoria do valor-trabalho" de Petty indica uma economia em que o lucro é gerado não apenas pela troca comercial, pelas "barganhas que alguns homens fazem", mas pela produção competitiva. Petty, como outros entre os seus contemporâneos, estava interessado nas políticas econômicas que visavam primariamente:

> [...] assegurar o uso mais eficiente dos recursos humanos e materiais. [...] Eles perceberam que não era mais possível manter um sistema baseado num monopólio de exportação de tecidos caros para várias partes da Europa. Suas políticas econômicas enfatizavam o baixo preço competitivo, a diversificação econômica e a expansão do comércio fora da Europa.[8]

"Para suprir aos pobres, fazer avançar o comércio e prosperar todas as manufaturas", de acordo com Petty,

> a Inglaterra deveria se esforçar para se tornar a loja da Europa, e isso com os outros países como mercados. Para tanto, todos os comércios e trabalhadores deveriam ser encorajados e todos os modos diretos inventados, para que possam ser oferecidos a preços mais baixos que as manufaturas e mercadorias de todos os outros países. Isso seria melhor que fortalecer suas corporações monopolistas na ignorância e na preguiça.[9]

A ênfase no barateamento competitivo, em oposição aos métodos não capitalistas de assegurar a dominância comercial por meios extraeconômicos, e o valor atribuído à produção eficiente afetaram não somente o desenvolvimento

---

[7] Charles Webster, *The Great Instauration: Science, Medicine and Reform, 1626-1660* (Londres, Duckworth, 1975), p. 453.
[8] Ibidem, p. 455.
[9] Citado em ibidem, p. 456.

econômico no país, mas também a lógica da expansão imperial. A expectativa era não só de que os colonos adotassem os novos métodos de produção, mas também de que os produtos e as matérias-primas coloniais pudessem ser explorados para oferecer os meios de melhorar a produção competitiva no país.

Antes que a industrialização da Grã-Bretanha pudesse absorver uma grande força interna de trabalho, a crescente massa despossuída pelo capitalismo agrário ofereceu uma população excedente para a expansão colonial de uma forma que, por exemplo, a sociedade camponesa da França nunca conseguiu. Assim, também o desenvolvimento interno da agricultura capitalista alimentou a colonização, o que ajuda a explicar por que, de todas as principais potências europeias, a Inglaterra teve maior sucesso no recrutamento de colonos. O desenvolvimento econômico no país acabou por oferecer mais emprego para os ingleses sem posse, e a oferta de trabalho nas colônias seria sabidamente suplementada pela escravidão em enorme escala.

As colônias ajudavam a manter a ordem social no país, ao mesmo tempo que aumentavam a supremacia comercial da Inglaterra ao elevar sua vantagem competitiva. O objetivo principal, claro, era expandir a riqueza dos ingleses criando dependências exportáveis, e não gerar competidores potenciais nas colônias. Na Irlanda, por exemplo, o Estado inglês tomou providências para bloquear o desenvolvimento comercial tão logo este ofereceu sinais de competição séria ao poder imperial. Esse foi o primeiro de muitos casos em que as contradições irredutíveis do capitalismo – como a contradição entre a pressão para expandir os imperativos de mercado da concorrência e a necessidade de resistir à concorrência, ou entre a necessidade de aumentar a demanda e a tendência a restringi-la pelo empobrecimento das populações sem posse e exploradas – se fizeram sentir na política colonial. Dessa e de outras maneiras, o desenvolvimento da Irlanda, desnecessário dizer, foi modelado desde então pelo início de sua história colonial de conquista e expropriação, e pela polarização entre a massa de despossuídos e uma elite imperial com seus aliados nativos.

A distinção feita por Petty entre, de um lado, a prática de ascender economicamente por meio dos monopólios comerciais e, de outro, a produção competitiva e inovadora para "vender mais barato" que todos os outros resume bem as diferenças entre os padrões não capitalistas de imperialismo comercial e a nova concepção de império. Os ingleses, como veremos, nunca mais conseguiriam reproduzir em nenhuma outra colônia as relações de propriedade características da Inglaterra, por mais que tentassem universalizar suas formas de arrendamento ou a "tríade" proprietário, locatário e trabalhador assalariado. Mas o novo imperialismo continuaria a oferecer oportunidades de produção lucrativa nas colônias e insumos para a produção no país, além de uma válvula de segurança para os trabalhadores excedentes criados pelo aumento da produtividade do trabalho.

É esclarecedor contrastar, nas figuras de Petty e Grócio, o caso do novo empreendimento imperial inglês com o império comercial mais altamente desenvolvido originado na República Holandesa. Ainda que os holandeses tenham certamente sido pioneiros em muitos avanços de produção, não deixa de ser significativo o fato de que sua contribuição teórica mais notável para o imperialismo, o corpo

Império do capital

de pensamento mais expressivo de seu império comercial, tenha se constituído de uma filosofia da guerra e da paz e de uma teoria das relações entre Estados – e não da economia política de produção competitiva.

Ainda assim, o novo tipo de império, por mais que se apresentasse como a busca pacífica por produção e comércio, foi no mínimo tão violento quanto qualquer outro. A Inglaterra evidentemente não abandonou as rivalidades extraeconômicas que determinavam a supremacia comercial entre as potências europeias. Pelo contrário, a Grã-Bretanha passaria a se valer de uma enorme força naval para impor sua dominação sobre as redes internacionais de comércio. A nova lógica de apropriação capitalista por meio da produção competitiva lançou uma base para a competição econômica como alternativa à rivalidade extraeconômica, e para imperativos econômicos como alternativa ao governo colonial direto; mas um longo tempo se passaria até que esses imperativos se tornassem suficientemente generalizados e poderosos para reduzir a necessidade de coerção colonial direta e do controle do comércio por meios militares. Ao mesmo tempo, o novo modo de apropriação criou necessidades inteiramente novas de violência militar, inclusive na conquista de estabelecimentos coloniais – e o capitalismo continuou desde então a gerar novas formas de guerra e novas razões para ela.

5
A EXPANSÃO ULTRAMARINA DOS IMPERATIVOS ECONÔMICOS

O capitalismo é movido exclusivamente por imperativos econômicos: de um lado, a falta de propriedade dos produtores, que os leva a vender sua força de trabalho em troca de salário, e, de outro, a sujeição dos apropriadores às compulsões do mercado que os obrigam a competir e acumular. Mas esses imperativos econômicos exigem força extraeconômica para serem implantados e sustentados. A transplantação dos imperativos econômicos da Inglaterra para seus territórios imperiais ocorreu inicialmente por meio de expropriação colonial e fundação de colônias pela força. O efeito dos imperativos capitalistas que emanavam da sede do império foi, acima de tudo, o que distinguiu o imperialismo inglês de outros projetos coloniais; e, quaisquer que sejam os debates entre historiadores sobre a contribuição do império para o desenvolvimento do capitalismo britânico, parece indiscutível que o desenvolvimento do capitalismo determinou a forma do imperialismo britânico.

O campo de testes para a nova forma de império, como já vimos, foi a Irlanda, e a experiência irlandesa guiou o esforço de estender o alcance da economia inglesa além das Ilhas Britânicas, através dos mares. O padrão de colonização na América devia ter sido semelhante à colonização da Irlanda, mas circunstâncias diferentes logo o levaram a se afastar do padrão irlandês. Uma das diferenças significativas foi o fato de a expropriação dos povos indígenas ter sido ainda mais completa. Na América, ela significou não somente a apropriação de sua terra, mas também a remoção completa dos povos. Com poucas exceções, não houve proprietários de terras, locatários nem trabalhadores indígenas; e a transplantação se transformou em genocídio. Ao mesmo tempo, as condições únicas dessa vasta extensão de terra significaram que a imposição das relações sociais de propriedade inglesas e dos imperativos capitalistas que emanavam da sede do império não foi um problema simples, nem mesmo entre os colonos. Essa experiência, ainda que lucrativa durante algum tempo, terminaria em guerra com as colônias, em que o poder imperial, como é sabido, foi derrotado.

A Grã-Bretanha encontraria problemas diferentes, quase antitéticos, em seu chamado "segundo" império, especialmente na Índia. Nesse território densamente povoado, com economia altamente desenvolvida e esquemas políticos elaborados, não houve nem a mais remota possibilidade de dominação primariamente por colonos brancos, apesar da extensão do estabelecimento colonial; e, de qualquer maneira, o desenvolvimento comercial e produtivo da Índia atraiu as ambições coloniais britânicas por razões muito diferentes das que existiram na Irlanda ou na América nos primórdios da colonização. A ironia é que, nessas condições, a Grã-Bretanha pareceu reverter a formas anteriores, não capitalistas, de império: o imperialismo comercial da Companhia das Índias Orientais, e depois um império territorial presidido pelo Estado britânico. Houve uma tensão constante entre os imperativos e as exigências do imperialismo territorial, que continuaria a moldar o Império Britânico até o fim.

IMPÉRIO COMO PROPRIEDADE

Não é incomum comparar o modo de colonização espanhol com o inglês e o francês, como se os dois últimos representassem meras variantes de uma única forma de império. Somos informados, por exemplo, de que ingleses e franceses estavam interessados em comércio e agricultura, e partiram para o cultivo da terra na América, ao passo que os espanhóis "aí foram para ocupar e se beneficiar, como faziam todos os bons aristocratas, do trabalho de outros"[1]. Essa foi a razão primária para a ausência do princípio de *res nullius* nas justificações do Império Espanhol, ao contrário daquelas dos ingleses e franceses. Enquanto seus rivais estavam interessados em títulos de terras, os espanhóis estavam no mínimo igualmente preocupados com o comando sobre pessoas e trabalho. Isso significava, como já vimos, que admitiam sem hesitação um império de conquista, legitimado pela doutrina da "guerra justa", enquanto os ingleses e franceses a usavam para justificar a ocupação de terra sem uso ou estéril.

Mas a diferença entre os padrões inglês e francês de colonização na América do Norte, especialmente em relação aos efeitos que tiveram sobre as populações locais, é tão significativa quanto a diferença entre cada um deles e a colonização espanhola. A divergência é visível não só em suas relações com a população nativa, mas até mesmo em suas concepções diferentes de *res nullius*, e indica algumas distinções essenciais entre comércio e capitalismo.

A colonização das Américas pelos principais rivais imperiais, Espanha, França e Inglaterra, foi resumida como se segue: "diferentemente dos ingleses e franceses, que se estabeleceram primeiro entre a população indígena antes de tentar integrá-la, como fizeram os franceses, ou exterminá-la, como os ingleses, os espanhóis se dedicaram, até mesmo pelos termos da capitulação diante de Colombo em 1492, à ocupação extensiva"[2].

Sem dúvida, essas diferenças foram determinadas em parte pelo que as potências imperiais encontraram em suas várias colônias e particularmente pelas grandes variações dos níveis de resistência apresentados pelas populações indígenas, além

---

[1]   Anthony Pagden, *Lords of All the World: Ideologies or Empire in Spain, Britain and France c.1500-1800*, cit., p. 93.
[2]   Ibidem, p. 73.

das possibilidades de exploração lucrativa. A Espanha, diferentemente da Inglaterra e da França, não só encontrou riquezas em minas de ouro e prata, mas também civilizações densamente povoadas e sedentárias com Estados altamente organizados, além de realizações materiais e tecnológicas de muitas formas mais avançadas que as suas próprias. Os efeitos devastadores das doenças trazidas pelos europeus enfraqueceram drasticamente a resistência de todos os povos indígenas no norte e no sul; e, nesse sentido, a oposição enfrentada pelos conquistadores se diluiu em todos os lugares. Mas as relações entre conquistadores e conquistados foram afetadas por diferenças irredutíveis quanto aos objetivos de colonização – entre os ingleses e franceses tanto quanto entre cada um deles e os espanhóis – que não podem ser explicadas simplesmente pelas variações nas condições da terra.

Os espanhóis, como já vimos, estavam interessados primariamente na extração de ouro e prata e, portanto, em explorar o trabalho e a capacidade técnica dos povos indígenas em suas colônias sul-americanas, em minas bem como em *plantations*, o que explica em grande parte uma política que, mesmo brutal, não desejava extinguir as populações locais. O interesse primário da França na América era o comércio de peles; e nisso os povos indígenas eram necessariamente parceiros. Ao mesmo tempo, essa forma de expansão comercial não exigia nem incentivava, como a colonização da terra para produção agrícola, uma onda maciça de colonos – e, de qualquer forma, a França, com sua maioria camponesa no país, não tinha produzido um excedente de população comparável ao dos ingleses despossuídos pelo capitalismo agrário. Quando, no século XVII, o Estado francês deu início a um esforço sistemático de colonização da Nova França, no mínimo para enfrentar a ameaça inglesa à dominação francesa do comércio de peles, o fez pela criação de *seigneuries* quase feudais. Foi também nessa época que a França, sob a orientação de Colbert e Richelieu, se engajou no projeto interno de criação de um Estado unificado e centralizado, com língua e cultura padronizadas. Seu programa de colonização deveria estender esse processo às colônias, com a intenção de suplementar os estabelecimentos coloniais inadequados com índios afrancesados, às vezes até miscigenados com os colonos. Esse projeto de unificação, assimilação cultural e conversão religiosa foi basicamente um fracasso; mas, apesar de as relações dos franceses com os índios terem sido sua própria história de destruição, elas nunca desceram à brutalidade genocida da colonização inglesa.

Os ingleses encontraram populações nativas mais semelhantes às das colônias francesas do que às das espanholas, e com certeza completamente diferentes daquelas dos impérios da América Latina. Mas, apesar de também terem se engajado no comércio de peles, seus objetivos imperiais foram em geral muito diferentes dos franceses. Se os colonos ingleses na América pretenderam viver lado a lado com os povos indígenas, eles logo abandonaram tal intenção e se dedicaram ao deslocamento sistemático da população local. A natureza desse estabelecimento colonial tornou inevitável esse resultado. Se os colonizadores ingleses tivessem, como os franceses, se interessado primariamente por formas mais antigas de comércio e postos comerciais, eles talvez preservassem relações relativamente pacíficas, ou no mínimo menos genocidas, com os índios, e talvez houvesse uma miscigenação mais intensa de populações. Mas, como se tornou cada vez mais evidente que o objetivo da colonização era, acima de tudo, a apropriação e ocupação permanente da terra, uma confrontação longa e sangrenta entre colonos e povos indígenas foi uma conclusão previsível.

Para explicar essa diferença bastante dramática entre o estabelecimento colonial inglês e o francês não basta simplesmente invocar, por exemplo, o puritanismo inglês e sua convicção de que estava realizando a obra divina ao substituir a "selvageria" dos pagãos pela "religiosidade" dos colonos ingleses, mesmo que isso significasse o extermínio dos "selvagens". Também não basta mostrar que os ingleses precisavam de terra para seu excedente de população de uma forma que os franceses não precisavam. Esse foi certamente um fator significativo, mas também atesta as diferenças entre as relações sociais de propriedade francesas e inglesas em seus próprios países, com cada lógica sendo desenvolvida também de outras maneiras.

Podemos chegar a algum tipo de entendimento das divergências considerando como ingleses e franceses concebiam o princípio do *res nullius*, a noção de que a terra desocupada ou sem uso poderia por direito ser apropriada por aqueles que a tornassem produtiva. Eis como esse princípio foi esboçado em 1758 por Emer de Vattel, em *O direito das gentes**, "que se tornou o relato clássico da natureza dos direitos naturais de propriedade na segunda metade do século XVIII"[3].

> O cultivo do solo não só merece atenção de um governo por causa da sua grande utilidade, mas, mais que isso, é uma obrigação imposta ao homem pela natureza. Toda nação é portanto obrigada pela lei natural a cultivar a terra que lhe tenha cabido. [...] Povos como os antigos germanos e certos tártaros modernos, que, embora vivendo em países férteis, desprezam o cultivo do solo e preferem viver de saques, fracassam no seu dever para consigo mesmos, prejudicando seus vizinhos, e merecem ser exterminados como as feras predadoras. [...] Assim, apesar de a conquista dos impérios civilizados do Peru e México ter sido uma notória usurpação, o estabelecimento de várias colônias no continente da América do Norte poderia, se feito dentro de limites justos, ser inteiramente legítimo. O povo desses vastos tratos de terra perambulava sobre eles, não os habitava.[4]

Isso foi escrito muito tempo depois de a França ter suplementado a atividade do comércio de peles com um grande projeto de colonização; e, diante de tal política, essa afirmação é tão permissiva na legitimação da expropriação colonial quanto poderia desejar qualquer imperialista. Ela com certeza teria permitido a colonização extensiva das Américas, se não nos impérios civilizados do Peru e do México (conquistados, é claro, pelos brutais espanhóis, diferentes dos seus rivais civilizados ingleses e franceses), ao menos em todos os locais onde as populações indígenas subsistiam primariamente pela caça e coleta, e não pela produção agrícola. Embora discordasse de Grócio por sua excessiva belicosidade e pela latitude que ele se permitia na justificativa das guerras punitivas, Vattel certamente concordava

---

*   Ed. bras.: Brasília, UnB, 2006. (N. E.)
[3]   Anthony Pagden, *Lords of All the World: Ideologies or Empire in Spain, Britain and France c.1500-1800*, cit., p. 78.
[4]   Citado em ibidem, p. 18-9.

78

com ele quanto à legitimidade da colonização[5]; e não está claro se seu argumento exigia a permissão simbólica estipulada por Grócio.

Ainda assim, em essência, Vattel não foi além da antiga compreensão do princípio de que a terra sem uso estava aberta à apropriação para o fim de torná-la produtiva. Os "limites justos" invocados por ele, ainda que permissivos, fixavam a colonização legítima entre a terra habitada e cultivada pelos povos indígenas, que não podia ser legitimamente expropriada, e a terra sobre a qual eles simplesmente "perambulavam", presa legítima dos colonizadores. Os índios não tinham direito à totalidade do enorme continente norte-americano, e certamente não tinham direito ao que não cultivavam. Mas quanto ao fato de eles terem *alguns* direitos não parece ter havido discussão. Sob tal aspecto, esse francês do século XVIII não foi tão longe quanto os ingleses já no século XVII, quando redefiniram os "limites justos" da colonização para além de tudo o que já tinha sido alegado por seus rivais.

Como vimos, desde o início do século XVII os ingleses operavam, tanto no próprio país como na Irlanda, segundo o princípio da apropriação legítima, na verdade expropriação, que incluía não só a terra ocupada, mas até mesmo a terra cultivada. Mais tarde naquele século esse princípio receberia uma elaboração mais sistemática e teórica pelas mãos de John Locke. Tal como Petty antes dele, Locke construiu sua teoria sobre uma concepção de valor, igualmente atribuindo o valor de uma coisa ao trabalho incorporado nela. Mas, enquanto Petty desenvolveu uma teoria do valor-trabalho simplesmente para medir o valor da terra para fins de distribuição e tributação – o que, apesar de proposto como instrumento do império, não ofereceu por si só uma justificação para a colonização –, Locke imaginou uma teoria da *propriedade*-trabalho, que poderia justificar não somente a expulsão ou o cercamento no país, mas também a expropriação colonial.

Com efeito, Locke forneceu uma estrutura teórica para o princípio já enunciado por Sir John Davies na Irlanda: que o critério essencial na justificação da expropriação colonial era o *valor*, e que esse valor devia ser julgado pelo padrão das "melhorias" inglesas. Para Locke, a América era o estado-modelo da natureza, em que toda terra estava disponível para apropriação, porque, apesar de com certeza ser habitada e até às vezes cultivada, não havia comércio adequado, portanto nenhuma "melhoria", nenhum uso produtivo nem lucrativo da terra; logo, não havia propriedade real. Como Davies havia feito na Irlanda, Locke comparou o valor da terra sem melhorias na América com o valor muito maior da terra na Inglaterra. Essa diferença enorme era determinada não por qualquer variação do valor "intrínseco" da terra nos dois casos – sua fertilidade e qualidade natural –, mas pelo valor de troca criado na produção, que dependia não somente das melhorias na produção, mas da existência de um sistema comercial que as estimulasse e gerasse lucros. A criação de valor estabelecia um direito de propriedade onde nunca antes existira propriedade individual. Essa teoria da propriedade justificava ao mesmo tempo as práticas dos colonizadores nas Américas e de proprietários de terras capitalistas

---

[5]   Richard Tuck, *The Rights of War and Peace*, cit., p. 191-6.

no país, interesses perfeitamente combinados na pessoa do mentor de Locke, o primeiro conde de Shaftesbury.

Comentadores indicaram que Locke introduziu uma importante inovação no princípio do *res nullius* ao justificar a apropriação colonial de terras não usadas sem o consentimento do soberano local e forneceu aos colonizadores um argumento que justificava suas ações com base na lei natural, sem nenhuma referência à autoridade civil[6]. Sob esse aspecto, ele foi além de Grócio, com seu reconhecimento ambíguo da autoridade local – embora, como vimos, nesse caso Locke tivesse Thomas More como precursor. Mas há uma coisa ainda mais característica na argumentação de Locke, que deve menos às tradições legais e filosóficas pan-europeias que à experiência específica da Inglaterra e às relações de propriedade do país antes mesmo de suas iniciativas coloniais.

Tal como Grócio, Locke associa a propriedade com o uso e a transformação. Mas sua argumentação não é simplesmente o fato de as coisas poderem se tornar propriedade quando, e somente quando, são usadas e transformadas. A questão é, na verdade, que o direito de propriedade se origina na criação de valor. Sua famosa teoria da propriedade-trabalho no quinto capítulo do seu livro *Second Treatise of Government*, segundo a qual nós adquirimos propriedade de alguma coisa quando "misturamos" a ela o nosso trabalho, é cheia de complexidades (inclusive a questão do trabalho de *quem*, já que o senhor tem direito à propriedade resultante do trabalho do seu servo), que por razões de espaço não será explorada aqui. Mas isto está enfaticamente claro: a criação de valor é a base da propriedade. O trabalho estabelece um direito de propriedade porque é o trabalho que "*põe a diferença de valor* em tudo"[7]. E o valor em questão não é valor "intrínseco", mas valor *de troca*.

Isso implica não só que a mera ocupação não seja suficiente para estabelecer direitos de propriedade, ou mesmo que a caça-coleta não possa estabelecer o direito de propriedade, ao passo que a agricultura pode, mas também que a agricultura insuficientemente produtiva e lucrativa, segundo os padrões do capitalismo agrário

---

[6] James Tully, cuja obra revelou muito sobre as implicações imperialistas da teoria de Locke da propriedade, sugere que, na visão do autor, a sociedade ameríndia carecia completamente de um governo civil legítimo, e propriedade era algo menos que a propriedade completa, permanecendo a espécie de posse que existe no estado da natureza. Ver Tully, *An Approach to Political Philosophy: Locke in Contexts* (Cambridge, Cambridge University Press, 1993), p. 138-9. Sem dúvida, o argumento de Tully enfatiza a importância da distinção entre "desperdício" e melhorias como a base do direito de propriedade. Mas a implicação aqui parece ser que as visões de Locke sobre propriedade e governo civil na sociedade ameríndia são distintas ainda que relacionadas, já que é a ausência de um verdadeiro governo civil o que deixa os índios em algo semelhante a um estado da natureza, no qual a propriedade não pode ser completa. Se esse fosse realmente o argumento de Locke, isso poderia ajudar a explicar a ausência, na sua teoria, da necessidade de consentimento das autoridades locais na expropriação de terras indígenas. Mas o argumento de que Locke nega a presença de um governo civil apropriado na sociedade ameríndia é ele próprio aberto a discussão, e, mais importante, não há ligação entre a presença ou ausência de governo civil e a qualidade da propriedade índia. De fato, é notável que Locke mal tenha levantado a questão da legitimidade do governo em sua discussão sobre propriedade, e não afirma que os ameríndios não têm propriedade real por não terem sociedade civil. Eles não têm propriedade real por não terem dinheiro propriamente dito, nem comércio ou melhorias que visem lucro comercial. Em outras palavras, a questão não é ele desconsiderar a necessidade de consentimento por uma autoridade civil, mas, pelo contrário, é ele passar completamente ao largo do problema da jurisdição política por considerar que o direito de apropriação se baseia em um fundamento diferente.

[7] John Locke, *Second Treatise of Government*, cap. V, "Of Property", seção 40 [ed. bras.: *Segundo tratado sobre o governo civil*, São Paulo, Edipro, 2013].

inglês, constitui efetivamente desperdício. A terra na América está aberta à colonização, afirma Locke, porque um acre de terra "sem melhorias" na América, que pode ser naturalmente tão fértil quanto um acre na Inglaterra e ter o mesmo valor intrínseco, não vale um milésimo do valor de um acre inglês, se "todo o Lucro que um *índio* recebesse dele fosse avaliado e vendido aqui"[8]. Isso pode não significar que um uso mais produtivo deverá sempre superar o menos produtivo (apesar de, na prática, ser esse o efeito da produção competitiva); e, uma vez retirada da posse comum, a propriedade individual não pode simplesmente ser tomada para uso mais lucrativo. Mas significa certamente que, como no caso dos ameríndios (ao menos no entendimento de Locke), quando não existe comércio adequado e, portanto, nenhuma melhoria, não existe propriedade; e toda terra deixada nesse estado está disponível para apropriação. Isso se aplicaria não somente à terra onde perambulam os caçadores-coletores, mas também à terra cultivada pelos índios, como muitas das que foram encontradas pelos colonizadores ingleses.

Assim, Locke vai além de Grócio ao afirmar a primazia da propriedade privada sobre a jurisdição política nas colônias. Na verdade, a jurisdição política dos dois lados da relação colonial está conspicuamente ausente. Locke invoca uma teoria da "guerra justa" para justificar a escravidão, como fizeram outros antes dele, argumentando que prisioneiros feitos numa guerra legítima podem ser escravizados; ainda assim, sua teoria da colonização não é uma teoria da guerra nem de direito internacional, mas uma teoria da propriedade privada que se aplica tanto no país quanto no exterior. Sua discussão sobre a guerra e a conquista em outro trecho do *Segundo tratado* sugere (como antes a *Utopia* de More) que a terra sem melhorias pode ser objeto da guerra justa. Mas é significativo que essa importante contribuição à justificação imperial seja uma teoria dos direitos de propriedade. A teoria de Locke sobre a apropriação colonial se apoia em outra coisa que não a questão da jurisdição política ou o direito de uma potência política dominar outra. Ao mesmo tempo, se ele se interessa mais pela propriedade que pelas relações entre Estados, vai muito além das teorias anteriores que justificavam a colonização como apropriação legítima, fosse ela calcada no *res nullius* ou na doação papal. Em vez disso, baseia a expansão colonial numa concepção nova, essencialmente capitalista, de propriedade. Em sua teoria da propriedade, podemos observar o imperialismo se tornando uma relação diretamente *econômica*, mesmo que essa relação exija força brutal para ser implementada e sustentada. Essa espécie de relação não pode ser justificada pelo direito de governar, nem mesmo simplesmente pelo direito de apropriar, mas sim pelo direito – na verdade, a obrigação – de produzir valor de troca.

Para Grócio, escrevendo em nome do império comercial holandês – em que a principal questão era a rivalidade entre nações mercantis em busca de supremacia no comércio internacional –, tratava-se realmente de uma questão de "relações internacionais", acima de tudo a questão da guerra e paz entre Estados. Embora os holandeses tenham introduzido suas próprias inovações na produção doméstica, o tipo de supremacia comercial de que desfrutavam dependia em grande parte

---

[8] Ibidem, seção 43.

das vantagens extraeconômicas, como navios superiores e práticas comerciais sofisticadas, o domínio das rotas marítimas, os monopólios comerciais *de facto*, quando não *de jure*, e uma ampla rede de postos comerciais. Todas essas vantagens estavam, de uma forma ou de outra, associadas a questões de guerra, paz, poder militar e diplomacia. Mesmo quando os holandeses suplementaram suas políticas anteriores de imposição de comércio às potências locais, nas Índias e em outros lugares, com colonização aberta, de forma que Grócio foi forçado a ampliar sua argumentação para incluir a apropriação colonial, ele nunca abriu mão de sua estrutura conceitual original, assim como os holandeses nunca abriram mão de seu interesse primário no comércio e na supremacia comercial.

A Inglaterra do início da modernidade, assim como outras potências comerciais, estava engajada nas mesmas rivalidades internacionais; desnecessário dizer que a expansão do Império Britânico continuaria a exigir enorme força militar e particularmente uma marinha poderosa. Mas já havia algo de novo na teoria e na prática do império, e encontramos sua melhor expressão em Locke. Nele vemos o início de uma concepção de império enraizada em princípios capitalistas, na busca pelo lucro derivado não somente do comércio, mas da criação de valor na produção competitiva. É uma concepção de império que não tem a ver somente com o estabelecimento de domínio imperial ou supremacia comercial, mas com a ampliação da lógica e dos imperativos da economia interna e a atração de outros para sua órbita. Apesar de o imperialismo capitalista nunca abrir mão das justificativas mais tradicionais para a expansão imperial, ele então acrescentou armas inteiramente novas ao arsenal ideológico, assim como fundou novas relações sociais de propriedade, que geraram efeitos na economia do país e nas estratégias de expansão imperial.

Evidentemente, as justificações econômicas do império nunca seriam suficientes. Desde o início, por exemplo, os ingleses representaram os irlandeses ou ameríndios, por uma ou outra razão, como seres inferiores. Mas, mesmo quando tiveram de recorrer a essas ideologias extraeconômicas, as defesas do imperialismo foram profundamente afetadas pelo uso dos imperativos econômicos por parte do capitalismo. Dado que a exploração pela classe capitalista assume a forma de uma relação de mercado, ela não pode ser facilmente justificada invocando hierarquias de *status* cívico ou legal, como a relação entre senhores feudais e servos. Pelo contrário, a relação entre capital e trabalho é geralmente apresentada como um contrato entre indivíduos legalmente livres e iguais. Esse uso de modos puramente econômicos de exploração e a supressão de identidades e hierarquias extraeconômicas tornaram de fato o capitalismo compatível com ideologias de liberdade e igualdade cívicas de tal modo que os sistemas não capitalistas nunca foram. É mesmo possível mobilizar essas ideologias para justificar o sistema capitalista como epítome da liberdade e da igualdade. Ainda assim, ao menos durante algum tempo, quando as ideologias de liberdade e igualdade enfrentaram as realidades do imperialismo e da escravidão, o efeito foi intensificar o racismo como substituto de todas as outras identidades extraeconômicas deslocadas pelo sistema.

A indisponibilidade de categorias e hierarquias de imputação, como as diferenças de condição legal que definiam as relações feudais, significou que o imperialismo e a escravidão tinham de ser justificados por outros meios. Nas sociedades não capitalistas houve um amplo espectro de condições de dependência – não somente, nem primariamente, a escravidão, mas também a sujeição por dívida, a servidão, o trabalho forçado de condenados e outros – definidas por várias formas de dependência legal ou política, ou por hierarquias de *status*. O capitalismo deslocou gradualmente esse espectro de trabalho dependente. Ainda assim, durante algum tempo, à medida que a dependência jurídica desaparecia das relações entre os ingleses, bem como entre os colonizadores, mas antes de o advento de um proletariado de massa oferecer uma força de trabalho "livre" concentrada e intensamente explorável, houve uma demanda crescente de trabalho dependente, originada de fora da comunidade imperial, em setores que exigiam intensa exploração – como a produção colonial em grande escala de mercadorias altamente vendáveis, por exemplo fumo, açúcar ou algodão. Tudo que sobrou do espectro do trabalho dependente foi a escravidão; e, se ideologias hoje esquecidas de hierarquia de *status* legal não podiam mais ser invocadas, outra justificação tinha de ser encontrada. O resultado foi a atribuição de um novo papel ideológico a concepções pseudobiológicas de raça, que excluíam certos seres humanos não simplesmente por lei, mas pela natureza, do universo normal da liberdade e igualdade.

Os britânicos na América

Os colonos ingleses, desde algum tempo antes de Locke, vinham operando na América de acordo com os princípios que ele elaboraria mais tarde – especialmente ao expulsar os índios até mesmo das terras cultivadas. Mas a forma como a terra era possuída e utilizada variava muito entre as colônias e regiões, dependendo não só da natureza dos colonos e dos títulos de terra que recebiam, mas também da qualidade do terreno e das culturas que ele era capaz de sustentar.

A lógica do capitalismo doméstico da Grã-Bretanha não iria se desenvolver da mesma maneira e no mesmo grau em toda a América do Norte, e vamos nos concentrar aqui nos casos em que essa lógica é mais claramente visível, as colônias dos futuros Estados Unidos. O império no Canadá, ou a chamada América do Norte Britânica, foi de certa forma uma anomalia. De um lado, ela nunca foi particularmente lucrativa para o poder imperial depois de se transformar em uma colônia e não simplesmente em um enorme posto de comércio; de outro, apesar de ser uma colônia branca como outras do Império Britânico, ela passou um longo tempo sem ceder às pressões pela independência dos colonos.

Nos primeiros dias da Hudson Bay Company, essa parte da América do Norte era uma colônia mercantil, não essencialmente diferente de outras instituições comerciais não capitalistas. A colonização não era uma prioridade, sendo mesmo considerada uma desvantagem para o comércio de peles, o principal interesse da companhia. Depois que a Grã-Bretanha, no século XVIII, conquistou os territórios franceses na América e adquiriu um grande império territorial no Canadá, a colonização aumentou; mas nunca ficou inteiramente claro a que objetivo a colônia servia. Considerações geopolíticas e militares pareciam predominar sobre os ganhos econômicos, especialmente quando as colônias ao sul deram lugar a um Estado independente cada vez mais poderoso e um potencial competidor imperial.

Vários fatores se combinaram para manter a colônia em mãos britânicas, em parte sob a influência de perdas desastrosas ao sul da fronteira: uma presença militar desproporcionalmente grande em relação a uma população colonial relativamente esparsa; a desunião fundamental que separou não somente ingleses e franceses, mas várias regiões de fala inglesa entre si, numa colônia que durante muito tempo não conseguiu constituir uma economia integrada; o grande influxo de legalistas vindos do sul durante e depois da Revolução; e um governo imperial mais próximo, em contraste com a autonomia desfrutada pelas colônias ao sul.

A importância do comércio de peles na história da colônia e a longa história de proximidade e conflito com os franceses, para não falar da necessidade de apoio nos conflitos com os vizinhos do sul, também produziram uma relação mais favorável entre o poder colonial e os povos indígenas do que era comum em outras partes do império. Sob esse aspecto, como em outros, o Canadá foi muito diferente das treze colônias que geraram os Estados Unidos e respondeu com muito menos intensidade à lógica do novo imperialismo capitalista.

As ligações entre as treze colônias e a evolução do capitalismo na sede do império são muito mais óbvias. As primeiras grandes colônias na Virgínia e depois em Maryland tinham se baseado explicitamente nos princípios da "melhoria" e do lucro baseado na produção. Nunca houve a intenção de que servissem, à velha maneira dos impérios comerciais, simplesmente como entrepostos comerciais. O objetivo era desenvolver e explorar intensamente a terra, cultivando culturas vendáveis e criando indústrias segundo o modelo da agricultura comercial e da indústria têxtil na pátria-mãe; e aquelas iniciativas coloniais eram consideradas investimentos lucrativos, além de laboratórios para projetos a serem desenvolvidos na Inglaterra.

Mas o plano original de uma economia comercial diversificada fracassou e logo foi superado pela produção de uma única cultura vastamente vendável, o fumo. Isso exigiu não somente grandes tratos de terra e a expulsão de povos indígenas, mas uma força de trabalho intensamente explorada. De início, ela era composta pelos 70% a 80% de imigrantes ingleses que vieram para as colônias como servos sob contrato – os despossuídos e desempregados da Inglaterra. Mas, como aumentava a demanda de trabalho, enquanto a oferta se tornou cara demais no fim do século XVII e acabou por secar com o aumento das oportunidades de emprego na sede do império, houve um repentino e rápido influxo de escravos, vindos diretamente da África, ou passando pelo Caribe e suas *plantations*. Esse influxo deu ímpeto renovado a outra fonte de lucro comercial, o infame tráfico de escravos, que vinha se desenvolvendo havia algum tempo sob os auspícios dos impérios europeus, mas agora acelerava violentamente. Apesar de as colônias terem se desenvolvido numa imitação consciente dos sistemas sociais e econômicos da Inglaterra e de estarem inseridas numa economia maior e cada vez mais capitalista, elas desenvolveram seu próprio modo específico de exploração comercial dominada por uma rica classe de plantadores e trabalhada por escravos.

O aumento da escravidão nas colônias inglesas é um exemplo notável de como o capitalismo, em alguns pontos de seu desenvolvimento, apropriou para si próprio, e chegou mesmo a intensificar, os modos não capitalistas de exploração.

A escravidão nunca esteve completamente ausente da Europa e recuperou-se no início da Idade Média, depois do forte declínio nos últimos anos do Império Romano. Como já vimos, os venezianos exploravam escravos em algumas das suas colônias e forneciam escravos para os árabes. Os impérios português e espanhol fundaram o tráfico de escravos no Atlântico, e os portugueses em particular foram pioneiros na escravidão aplicada à *plantation* colonial. Mas, enquanto os ingleses chegaram relativamente atrasados à exploração da escravidão, o crescimento da economia capitalista britânica deu novo ímpeto a essa antiga forma de exploração nas colônias americanas do sul, bem como no Caribe. Durante algum tempo, o capitalismo aumentou a demanda de trabalho escravo, à medida que provocava a expansão dos mercados de *commodities* de *plantation*, numa época em que as relações sociais capitalistas de propriedade tornavam indisponíveis outras formas de trabalho dependente e que ainda não existia a massa de proletariado livre.

À medida que crescia a sua economia interna e que o capitalismo agrário abria caminho para a industrialização, a Grã-Bretanha se tornava de longe a força predominante no comércio de escravos do Atlântico, mesmo depois da Revolução norte-americana. Depois do início tardio, parece que pouco mais de duas décadas foram necessárias para a Grã-Bretanha superar seus rivais, os portugueses e holandeses. Entre 1660 e 1807, quando a participação britânica no transporte de escravos foi interrompida pelo Parlamento, os britânicos aparentemente "embarcaram tantos escravos quanto todas as outras nações transportadoras de escravos reunidas"[9]. É certo que os rivais europeus da Grã-Bretanha – e durante o século XVIII particularmente a França – estavam igualmente envolvidos em escravidão em *plantations*, especialmente na produção de açúcar, em que a competição francesa foi, durante algum tempo, uma ameaça grave aos ingleses. Mas o desenvolvimento britânico foi impelido pelo tamanho do mercado da Inglaterra, inchado por classes industriais urbanas sem igual em toda a Europa. Não havia em parte alguma nada que se comparasse, por exemplo, ao importante mercado interno de açúcar que surgia na Inglaterra.

As colônias britânicas, especialmente as do sul, distinguiram-se também pela ferocidade do racismo que geraram, devida em grande parte ao problema de ordem e controle criado pelo enorme e rápido fluxo de escravos, controlados por meio do rigoroso aparelho legal que não somente restringiu a liberdade deles, mas também tornou a escravidão uma condição permanente e hereditária baseada na cor. Ao mesmo tempo, como já vimos, a ascensão do capitalismo implicou o desaparecimento de um amplo espectro de condições dependentes, abrindo um enorme fosso entre os extremos de liberdade legal e escravidão. O desenvolvimento capitalista também foi acompanhado por concepções de propriedade que incentivavam a redução de escravos à condição de propriedade incondicional e sua completa transformação em mercadoria como itens de patrimônio. Como as formas dominantes de trabalho na economia capitalista mais geral eram legal-

---

[9] David Richardson, "The British Empire and the Atlantic Slave Trade, 1660-1807", *The Oxford History of the British Empire: The Eighteenth Century* (Oxford, Oxford University Press, 1998), p. 440.

mente livres, e numa época em que os ideólogos do império, como John Locke, declaravam que os homens eram por natureza livres e iguais, os escravos tinham de ser colocados fora do universo normal da liberdade e igualdade naturais para justificar sua subordinação permanente, o que foi conseguido pela construção de categorias raciais mais rígidas que as existentes em qualquer época anterior – sob a forma de concepções pseudocientíficas de raça ou ideologias patriarcais em que os escravos africanos eram eternas crianças.

O papel da escravidão na ascensão do capitalismo britânico é ainda controverso. Alguns historiadores creditaram aos lucros do comércio de escravos no Atlântico a oferta de capital que impulsionou o desenvolvimento do capitalismo industrial britânico[10]. Essa afirmação foi contestada por outros, que argumentaram que os lucros derivados diretamente do comércio de escravos contribuíram com apenas uma pequena parte do investimento interno na Grã-Bretanha[11]. Mas é impossível negar a importância das colônias no altamente lucrativo comércio externo da Grã-Bretanha, e o papel essencial desempenhado pelos escravos na produção de suas mercadorias altamente lucrativas, o fumo e o açúcar. Também não se pode negar que a industrialização na sede do Império, baseada na produção de têxteis de algodão, dependia do algodão colonial produzido em grande parte por escravos nas Índias Ocidentais.

As *plantations* das colônias sul-americanas desempenharam então um papel importante no desenvolvimento do comércio britânico. Na Nova Inglaterra e nas colônias "do meio", a intenção da administração colonial foi também estabelecer uma agricultura comercial lucrativa, mas nesse caso os resultados foram muito diferentes. Os colonos da Nova Inglaterra, que tinham recebido suas terras sob a forma de municipalidades a serem divididas entre os "proprietários" originais, definiram-se como proprietários de terras livres e sem ônus, enquanto os colonos que chegaram mais tarde tiveram de comprar ou arrendar terras deles. O impulso original de muitos dos colonos era buscar refúgio de várias revoltas na Inglaterra, a mesma agitação política, econômica e religiosa que iria produzir a Guerra Civil Inglesa. Nesse sentido, não tendo sido atraídos para as colônias principalmente por investidores em busca de grandes lucros, eles não eram tão presos aos interesses das classes proprietárias, dos senhores de terras e mercadores do país; e, como suas principais ligações comerciais eram com as colônias do Caribe, eles mantiveram uma maior independência econômica em relação à sede do império e acabaram por produzir uma economia diversificada e comercialmente viável, mas o objetivo da maioria desses colonos era uma prosperidade "mediana" e independência familiar.

As colônias do meio, em Nova York, Pensilvânia e Nova Jersey, fundadas como colônias proprietárias, foram dominadas por grandes proprietários com laços mais fortes com o poder imperial. Geralmente, os governos coloniais concediam terras a grandes companhias mercantis que, por sua vez, as vendiam a grandes proprietários, que as arrendavam a fazendeiros locatários. As ligações da elite com o império não

---

[10] Principalmente, Eric Williams em *Capitalism and Slavery* (Chapel Hill, University of North Carolina Press, 1945).

[11] Ver, por exemplo, David Richardson, "The British Empire and the Atlantic Slave Trade", cit., p. 461.

evitaram que a economia colonial se desenvolvesse menos por influência do mercado interno da Grã-Bretanha do que da crescente interdependência das colônias. O novo nexo comercial de proprietários de terras e comerciantes teve grandes lucros com o comércio entre colônias, produzindo e vendendo mercadorias básicas – como grãos – que não eram produzidas nas colônias do sul ou no Caribe, mais ou menos exclusivamente dedicadas a culturas únicas muito lucrativas: fumo e açúcar.

Apesar de as colônias desfrutarem de um grau notável de autonomia, o poder imperial sem dúvida considerava que aquilo que o controle político direto não poderia realizar a dependência econômica realizaria. Durante algum tempo essa confiança se justificou. Enquanto durou a dominância inglesa, o poder imperial e em particular os interesses mercantis se beneficiaram enormemente das oportunidades comerciais oferecidas pela economia colonial.

Ainda assim, as ligações políticas e econômicas entre a América colonial e o poder imperial iriam se enfraquecer; e, embora fossem baseadas em princípios derivados do capitalismo agrário inglês, as colônias inevitavelmente desenvolveram suas próprias relações características de propriedade. A uma distância tão grande, com uma agricultura mais ou menos autossuficiente e mercados coloniais mais próximos, não foi fácil manter as colônias na órbita do poder imperial, e resultou ainda mais difícil manter o controle político direto pelo Estado. Apesar de, durante o século XVII, o poder imperial ter aumentado sua influência sobre as colônias, o controle direto nunca foi uma opção realista a longo prazo. Uma economia colonial com forte base própria, dominada por elites locais com seus próprios interesses e desfrutando de graus substanciais de autogoverno, seria obrigada, mais cedo ou mais tarde, a romper a ligação imperial.

Se a crescente economia capitalista na sede do império ainda não estava suficientemente desenvolvida e poderosa para exercer controle por meio da pressão econômica, a geração de imperativos capitalistas na economia colonial também não era um problema simples, e o processo de desenvolvimento capitalista nas colônias seguiu um curso próprio. Na Nova Inglaterra e nas colônias do meio, "a existência de terra desocupada facilmente acessível a colonos pobres ou de classe média solapou a capacidade dos proprietários de terras de criar um monopólio social da terra durante o século XVIII". Ao mesmo tempo, o controle dos comerciantes urbanos sobre grande parte da terra no interior significava que fazendeiros e artesãos geralmente ocupavam ilegalmente a terra como invasores. Mas, "como a milícia colonial não era capaz de impor os direitos privados de propriedade dos especuladores de terra na fronteira, fazendeiros e artesãos rurais podiam estabelecer, manter e expandir a posse da terra sem grande produção de mercadorias". Os arrendamentos tinham virtualmente desaparecido à época da Revolução, e muitos fazendeiros e artesãos independentes, cujo acesso à terra não era mediado pelo mercado, já que se dedicavam a relações de troca com mercadores locais e regionais, "puderam se reproduzir economicamente sem recorrer ao mercado"[12].

---

[12] Charles Post, "The Agrarian Origins of US Capitalism: The Transformation of the Northern Countryside Before the Civil War", *Journal of Peasant Studies*, v. 22, n. 3, abr. 1995, p. 416-7.

Isso implicou que uma grande proporção de produtores agrícolas na região média do Atlântico permaneceu durante algum tempo fora da órbita dos imperativos capitalistas. No mínimo, os imperativos econômicos que emanavam do poder imperial eram ainda mais fracos que antes. Mas, ironicamente, a liberdade em relação aos imperativos capitalistas, como afirmou Charles Post, iria mudar de maneira radical com a Revolução, pois os custos e as rupturas da guerra, as demandas dos governos e as atividades dos comerciantes e especuladores de terras tornaram os pequenos e médios fazendeiros cada vez mais dependentes da produção de mercadorias apenas para manter sua terra diante do aumento de dívidas e impostos. Eles poderiam permanecer como produtores independentes de mercadorias, mas estariam sujeitos aos imperativos de mercado. Ainda assim, evidentemente, o beneficiário desse desenvolvimento não foi o poder imperial. Quem lucrou com ele foram as elites coloniais. Como os produtores independentes se tornaram dependentes do mercado para garantir a posse da terra e sua própria sobrevivência à medida que eram atraídos inexoravelmente pelos imperativos do mercado, pouco se podia fazer para impedir a dominação política e econômica dos comerciantes do norte e dos plantadores do sul, ou o desenvolvimento do novo Estado como um poder imperial em si mesmo.

ÍNDIA

Foi, então, contra esse pano de fundo que o segundo Império Britânico tomou um curso muito diferente – não somente por causa das circunstâncias na África, na Ásia e, especialmente, na Índia. O poder imperial tinha aprendido algumas lições com suas tentativas de estabelecer um império que dependesse da força dos imperativos econômicos até então nem expansivos nem suficientemente fortes para se impor a economias coloniais distantes. O efeito combinado dessas diferenças foi a instalação de um império na Índia que teve mais em comum com os impérios não capitalistas do que as colônias inglesas anteriores na Irlanda e na América, ou mesmo as colônias de *plantation* no Caribe.

Começando como um império comercial controlado por uma companhia monopolista, a dominação britânica tomou a forma de um império territorial governado pelo Estado imperial. Sob esses dois aspectos, era um império essencialmente não capitalista em sua lógica. Ainda assim, a transição de um para o outro, bem como a evolução subsequente do governo imperial britânico, foram modeladas pelo desenvolvimento capitalista da Grã-Bretanha.

No início do período moderno, quando os mercadores britânicos passaram a se interessar pelo comércio com a Ásia, a Índia estava no apogeu de seu poder econômico, com um vasto aparelho comercial e grandes capacidades produtivas, especialmente na manufatura de têxteis. A Companhia Britânica das Índias Orientais era claramente uma instituição não capitalista, que entrou no comércio da região em grande parte da mesma maneira que outras companhias mercantis, valendo-se de monopólios, tecnologia marítima avançada e poder militar para estabelecer vantagem comercial sobre seus rivais comerciais. Ao mesmo tempo, nem a Companhia nem o Estado imperial estavam a princípio interessados no governo territorial direto na Índia –, nem na verdade eram capazes de impô-lo; e havia uma relutância generalizada em ampliar a dominação imperial, que parecia excessivamente perigosa e custosa, em especial contra adversário tão formidável. Em todo caso, nem havia necessidade de governo territorial, desde que o império continuasse sendo comercial, e era provável que os custos que ele poderia impor ao comércio superassem em muito os benefícios.

Mas, na segunda metade do século XVIII, a Companhia estava usando uma abordagem diferente. Já tinha começado a demonstrar menos interesse na Índia como grande oportunidade comercial do que como fonte de renda, buscando não lucros comerciais, mas excedentes extraídos diretamente dos produtores à antiga maneira da exploração não capitalista da Idade Média sob a forma de impostos e tributos. À medida que aumentava a atração do império como fonte de renda, mais o imperativo territorial crescia. Quando o império na Índia se tornou uma forma mais – e não menos – tradicional de imperialismo não capitalista, baseada na extração extraeconômica de impostos por meio da tributação, ele se tornou também cada vez mais um despotismo militar.

Em busca dessa forma de riqueza não capitalista, a Companhia usou seu poder econômico e militar para estabelecer relações de propriedade na Índia que lhe garantiriam uma fonte segura de renda. Longe de "modernizar" o país, a Companhia, com a ajuda do Estado britânico, reverteu a formas mais antigas, não capitalistas. Essa estratégia de "tradicionalizar" a sociedade indiana recebeu a culpa pela reversão do desenvolvimento econômico e social da Índia por meio do arraigamento, ou mesmo da criação, de formas arcaicas de relações entre proprietários e camponeses.

> Os muitos membros do antes grande "mercado militar" e da antiga economia manufatureira, que agora foram expulsos para a terra, não se tornaram camponeses "tradicionais" por escolha; nem, ao fazê-lo, desafiaram os ditames de seus senhores coloniais. De fato, [...] em grande número de áreas, a tradicionalização da sociedade parece ter sido promovida pela lógica das próprias instituições coloniais. Quem impôs a regra do sistema de castas e a disseminou até os níveis sociais mais profundos foram os tribunais anglo-hindus. Quem decretou que a sociedade agrária deveria se basear na aldeia comunitária autossuficiente e que os privilégios da realeza e da aristocracia deveriam se basear em "antigas" prerrogativas mantidas desde "tempos imemoriais" foram os tribunais da burocracia colonial. Nesse contexto, a afirmação da Tradição da Índia refletiu tanto uma acomodação à nova ordem colonial como uma rejeição a ela. [...] A Índia se tornou uma colônia agrícola subordinada sob a dominância da Grã-Bretanha industrial, metropolitana; suas instituições culturais básicas perderam poder e foram fixadas em formas tradicionais imutáveis; sua "sociedade civil" foi sujeita à suserania de um Estado militar despótico.[13]

Assim como as classes proprietárias de terras dependiam da extração de excedentes dos camponeses à maneira não capitalista, o império da Companhia Britânica

---

[13] D. A. Washbrook, "India, 1818-1860: The Two Faces of Colonialism", em Andrew Porter (org.), *The Oxford History of the British Empire: The Nineteenth Century* (Oxford, Oxford University Press, 1999), p. 398-9. Sobre a desindustrialização e desurbanizaçao da Índia, ver C. A. Bayly, *Indian Society and the Making of the British Empire* (Cambridge, Cambridge University Press), cap. 5.

das Índias Orientais se apoiava sobre a mesma base. Evidentemente, isso significava mais aventuras militares para assegurar sua base territorial.

O papel do Estado imperial nesses desenvolvimentos foi profundamente ambíguo. Nos primeiros anos das atividades da Companhia na Índia, o Estado conteve o impulso de interferir em seus negócios, mas passou a se envolver cada vez mais no final do século XVIII, e houve um desvio evidente na política imperial britânica do imperialismo comercial para o territorial. Sem a intervenção do Estado britânico, a companhia não teria assegurado sua predominância na Índia nem sua capacidade de transformar a sociedade indiana. Nesse processo, o governo imperial indiano tornou-se cada vez mais – e não menos – um tipo tradicional de Estado imperial militarista e despótico, uma forma de "fiscalismo militar", dependente dos camponeses e aristocratas "tradicionais" para gerar renda.

Mas, se o envolvimento estatal foi motivado, pelo menos em parte, por um esforço para tomar uma parcela das rendas extraídas pela Companhia, ao mesmo tempo, o Estado imperial claramente se sentiu obrigado a intervir precisamente por causa das estratégias não capitalistas da companhia e da convicção de que elas estavam colocando em risco o valor comercial do império. Críticos na sede do império e no Estado estavam preocupados com a interferência das políticas da Companhia nos ganhos econômicos. Além do fato de o Estado não ter tido muito sucesso na obtenção de uma parte das rendas, o que preocupava esses críticos era a Companhia estar conduzindo seus negócios de acordo com princípios não comerciais. Assim, por exemplo, Edmund Burke, conhecido crítico do império na Índia, comandou um comitê parlamentar seleto que atacou a Companhia com base no fato de seus princípios econômicos terem sido "completamente corrompidos, transformando-a num veículo de impostos". Ela deveria, argumentou o comitê, "fixar seu comércio sobre uma base comercial".

O significado de fixar o comércio sobre uma base comercial também estava mudando. No início, os privilégios monopolistas da companhia faziam sentido comercial, ao menos pelos padrões do comércio não capitalista. Ao mesmo tempo, tudo que pudesse ser feito para suprimir as vantagens que a indústria indiana pudesse ter sobre a indústria interna da Grã-Bretanha por causa da superioridade na produção têxtil seria uma ajuda para a nascente indústria do país. Mas, por volta do fim do século XVIII, havia um número crescente de capitalistas no país que se interessavam mais pela Índia como mercado para seus próprios produtos. A companhia e a lógica segundo a qual ela operava não estavam acompanhando o desenvolvimento do capitalismo britânico, e o Estado passou a intervir.

Nessa fase do imperialismo britânico, na era de Robert Clive e Warren Hastings, quando o Estado imperial afirmava seu controle, houve reformas dirigidas à criação de um clima mais favorável ao lucro comercial. Entre elas, o estabelecimento de direitos de propriedade capazes de resistir à extração de renda, bem como reformas legais e políticas propostas para transformar o Estado de instrumento de apropriação privada em aparelho de administração pública. Em outras palavras, sem enfraquecer o controle do poder imperial, a intenção era chegar a algum tipo de separação entre o econômico e o político à maneira capitalista.

Mas sempre houve pressões contraditórias, que levaram o Estado imperial a uma lógica de governo não capitalista, a um sistema de relações de propriedade definidas para permitir a extração de rendas pela companhia e pelo Estado, presidido por um poder militar totalmente abrangente. A própria existência de um império territorial, bem como as condições de sua manutenção, geraram seus próprios requisitos, que por vezes contrariavam os imperativos comerciais. Mas as pressões eram econômicas tanto quanto políticas e militares. Eram não somente uma resposta às tensões inevitáveis de governar um enorme território colonial, que sempre ameaçava resistir à dominação imperial, mas, paradoxalmente, também uma consequência do desenvolvimento capitalista da Grã-Bretanha. Como o capitalismo britânico integrava o mercado internacional de forma a sujeitar a produção indiana às pressões da competição capitalista, a depressão de preços dos produtos indianos simplesmente agravou os efeitos imperiais na supressão da indústria indiana. Isso aumentou as atrações relativas da Índia como fonte de renda extraída diretamente da terra, e não as de oportunidade comercial, e fortaleceu a motivação imperial para reverter às formas não capitalistas de exploração coerciva direta.

Assim, ao mesmo tempo que o Estado britânico se envolvia cada vez mais na Índia como meio de resgatar o império da lógica não capitalista imposta pela Companhia Britânica das Índias Orientais, ele era constantemente atraído para essa lógica não capitalista da Companhia e do Estado militar. As necessidades de um império baseado nos imperativos capitalistas foram substancialmente diferentes das de um império baseado na coerção militar direta e na apropriação de excedentes por meios extraeconômicos. Sem dúvida, além da carnificina convencional da violência militar, os imperativos econômicos geraram suas próprias necessidades de opressão coerciva e foram responsáveis por atrocidades como a matança e mutilação em grande escala dos trabalhadores que construíam a ferrovia. Mas o imperialismo capitalista exigia formas de propriedade diferentes das usadas pelo imperialismo não capitalista e condições que permitissem que os imperativos de mercado regulassem a economia. Em geral, essa pode ter sido a direção em que o Estado imperial tentava se mover, mas as condições na Índia e a lógica do próprio império – inclusive o perigo de rebelião, culminando no motim de 1857 – reafirmaram constantemente a primazia do Estado militar. A evolução do Império Britânico continuaria a exibir essas tendências contraditórias, oscilando entre a "modernização" e a "tradicionalização", enquanto os imperativos do capitalismo eram constantemente compensados pela lógica de um Estado militar imperial, que impunha seus próprios imperativos.

Aparentemente, o desvio do império comercial para o territorial parece argumentar contra a proposição de que o capitalismo traz consigo uma tendência a substituir as formas extraeconômicas de exploração pelas econômicas e a expansão dos imperativos econômicos para além do alcance do poder extraeconômico. Ainda assim, visto de um ângulo diferente, o desenvolvimento contraditório do Império Britânico na Índia é um reflexo, não uma refutação, daquela premissa fundamental. A tentativa de construir um império territorial sobre imperativos capitalistas estava condenada ao fracasso, ou ao menos à obrigação de enfrentar contradições insuperáveis.

Como, ou mesmo se, o império na Índia era lucrativo para o poder imperial e como, ou mesmo se, ele contribuiu para o crescimento econômico da Grã--Bretanha têm sido há muito questões de debate acalorado, desde que Adam Smith o descreveu como "uma espécie de equipamento esplêndido e vistoso" que custa mais do que vale. De um lado estão os argumentos de que a industrialização não poderia ter ocorrido sem lucros comerciais derivados do império, assim como sem a supressão da economia indiana e a superioridade da sua produção têxtil. De outro, existem argumentos que, mesmo sem negar que muitos indivíduos se beneficiaram do império, ou mesmo que a industrialização britânica se beneficiou dele, insistem que, de modo geral, os custos materiais superaram os benefícios. Tal debate deverá continuar, e este livro não tem a intenção de resolvê-lo. Mas uma coisa parece indiscutível: o Império Britânico na Índia foi um empreendimento profundamente contraditório.

Num artigo que explica em detalhe os custos e benefícios relativos do império na Índia desde meados do século XIX, um historiador faz uma observação convincente, quer nós aceitemos ou não suas conclusões de que o enorme custo do império, os custos crescentes de governá-lo e preservá-lo pela força militar, foi desnecessário para o crescimento da economia britânica: "Só as conquistas de pilhagem do tipo mantido pelo Rei Leopoldo no Congo parecem capazes de oferecer aos mercadores e investidores da metrópole lucros acima do normal"[14]. Ou, dito de outra forma, lucros enormes extraídos da apropriação extraeconômica só são possíveis com uma coerção implacável e inexorável como a usada pelo Rei Leopoldo ou, ao menos, com a extração coerciva praticada pelo nascente Império Espanhol na América do Sul. Um império de coerção, violência, butim e pilhagem constantes pode ser auto-limitador, talvez por sua manutenção ser muito cara, mas certamente porque mais cedo ou mais tarde ele destrói a própria fonte de sua riqueza; mas, enquanto dura, ele pode gerar grandes lucros. Em comparação, a lucratividade do imperialismo *capitalista* só se completa quando os imperativos econômicos se tornam suficiente-mente fortes para se estender além do alcance de qualquer poder extraeconômico imaginável e para se impor sem a administração e coerção diárias de um Estado imperial. A enorme riqueza da Índia e as grandes oportunidades que oferecia para o saque imperialista retardaram o dia do acerto de contas; mas o Império Britânico na Índia acabou ficando, o que era inevitável, entre a cruz e a caldeira.

Imperativos econômicos fortes e abrangentes o bastante para serem instrumentos confiáveis de dominação imperial pertencem ao século XX, provavelmente apenas após a Segunda Guerra Mundial – que coincide com a independência da Índia. Mas essa nova forma de império iria gerar suas próprias contradições.

---

[14] Patrick K. O'Brien, "The Costs and Benefits of British Imperialism 1846-1914", *Past and Present*, n. 120, ago. 1988, p. 199.

6

A INTERNACIONALIZAÇÃO DOS IMPERATIVOS CAPITALISTAS

O Império Britânico levou os imperativos capitalistas até os cantos mais distantes da terra, mas o fez com sucesso limitado e resultados contraditórios. Enquanto a internacionalização do capitalismo dependeu do controle político e militar direto dos territórios subjugados, as demandas do governo colonial entraram inevitavelmente em conflito com os imperativos econômicos. Isso evidentemente não significa que o desenvolvimento do capitalismo britânico nada tenha lucrado com a expansão imperial, nem mesmo que ele tenha perdido tanto quanto ganhou – embora, como vimos no caso da Índia, não devamos confundir a riqueza e as rendas do império com os lucros do capital ou o crescimento do capitalismo. A questão é, pelo contrário, que, independentemente da contribuição imperial para o desenvolvimento do capitalismo, esse desenvolvimento inevitavelmente iria romper os limites impostos pelo império. O crescimento do capitalismo até se tornar um poder global universal e a globalização dos seus imperativos iriam exigir um conduto diferente da simples força imperial.

Os rivais europeus da Grã-Bretanha

A expansão dos imperativos capitalistas por meios econômicos, e não por dominação imperial direta, começou não nos territórios coloniais, mas muito mais próximo de casa. Paradoxalmente, seu conduto principal não foi a coerção colonial, mas os Estados nacionais soberanos dos principais rivais europeus da Grã-Bretanha. Apesar de os britânicos terem sujeitado seus vizinhos a seus imperativos econômicos, isso não teve o efeito de estabelecer sobre eles a hegemonia britânica. Pelo contrário, os maiores Estados europeus mobilizaram suas economias para fortalecer suas posições nas rivalidades interestatais e interimperialistas. Seu principal objetivo não era desafiar a Grã-Bretanha no mercado por meio da produção competitiva. O poder econômico pode ter assumido novas formas sob a influência do capitalismo britânico, mas foi pressionado a se colocar a serviço de velhos objetivos geopolíticos e militares.

O desenvolvimento dos rivais da Grã-Bretanha, como Alemanha e França, foi movido por um mecanismo diferente daquele que moveu a ascensão do capitalismo britânico. Quando o capitalismo surgiu no campo inglês, a Inglaterra era sem dúvida parte do sistema comercial europeu e estava presa às mesmas rivalidades geopolíticas e militares que seus vizinhos. Mas ela se distinguia pelas relações sociais internas de propriedade que impeliam a partir de dentro o desenvolvimento econômico de maneiras específicas; e a industrialização britânica foi movida pelos imperativos colocados em movimento pelo capitalismo agrário. Em comparação, o desenvolvimento do capitalismo e da industrialização na França e na Alemanha respondeu às pressões externas mais que às internas. A força motriz não veio das relações sociais internas de propriedade, impondo os imperativos capitalistas de competição, acumulação de capital e aumento da produtividade do trabalho, mas, pelo contrário, das mesmas rivalidades geopolíticas e militares – e de suas consequências comerciais –, que prevaleceram nas economias e nos Estados não capitalistas da Europa. O que mudou não foram apenas as relações sociais alemãs e francesas no país, mas a natureza do desafio externo.

A guerra, como sempre, foi o principal motivador, mas o capitalismo britânico e a industrialização gerada por ele alteraram as regras do jogo. Ao entrar nas guerras napoleônicas, o avanço britânico no desenvolvimento industrial, fixado no sucesso do capitalismo agrário, foi uma vantagem militar – talvez, nesse estágio, devido menos à superioridade tecnológica do que ao fato de o crescimento e a riqueza econômicos criados pelo capitalismo britânico poderem ser usados para fins militares, de formas e em graus sem paralelo na França.

O império napoleônico partiu de uma base material diferente. Na época da Revolução Francesa, a França era certamente uma sociedade vibrante e próspera, com um florescente setor industrial. Seu desenvolvimento tecnológico pode até sob certos aspectos ter superado o inglês. Ainda assim, apesar dessas tecnologias avançadas, a chamada Revolução Industrial como transformação social não se originou na França, porque a economia era construída sobre as relações sociais de propriedade que não impeliram o desenvolvimento autossustentado, como fez o capitalismo britânico. O capitalismo agrário britânico deu origem a uma agricultura produtiva trabalhada por uma força de trabalho relativamente pequena, criando um proletariado industrial e um grande mercado para bens de consumo básicos para atender a uma população que não se engajava mais na produção agrícola. Por comparação, a produção agrícola da França, embora possa ter sido correspondente à inglesa, era obtida com uma população predominantemente camponesa e uma força de trabalho agrícola proporcionalmente maior. A Revolução não transformou substancialmente as relações sociais de propriedade, e certamente não numa direção capitalista. No máximo ela consolidou a posição do campesinato, enquanto o Estado e aqueles que nele ocupavam cargos continuavam a viver dos excedentes produzidos pelo campesinato sob a forma de tributação, como durante a era absolutista. O cargo estatal era a carreira burguesa mais desejada, e não a acumulação capitalista.

Quando Napoleão chegou ao poder, a atividade econômica era certamente facilitada pela retirada das barreiras internas ao comércio, bem como por suas reformas comerciais e administrativas. Mas o desenvolvimento industrial no período pós-revolucionário não foi impelido por uma transformação das relações de classe, nem mesmo pelo crescimento de um mercado de massa para bens de consumo básico, do tipo que tinha surgido na Grã-Bretanha na esteira do capitalismo agrário. Em vez disso, a industrialização francesa, incentivada pelo Estado, respondeu às demandas de guerra, aumentando enormemente a produção de bens militares e promovendo indústrias – principalmente as de ferro e têxteis – de que dependia aquela produção. Na França, as transformações de classe e a criação de uma classe operária de massa foram mais o resultado da industrialização do que a sua causa.

Nos anos decorridos entre a Revolução e o fim das guerras napoleônicas, a produção industrial francesa, ainda que efetiva em seu domínio particular, permaneceu relativamente limitada na sua gama; e o setor agrícola, que na Grã-Bretanha tinha impulsionado o desenvolvimento econômico, permaneceu em grande parte inalterado na França. O estímulo da guerra poderia ter incentivado certos tipos de produção industrial, mas não podia, por si só, impelir o tipo de desenvolvimento abrangente e autossustentado movido pelos imperativos capitalistas, enraizado na dependência de mercado dos produtores e apropriadores. A França não respondeu, e de início nem poderia, ao desafio externo posto pelo capitalismo britânico tornando-se uma economia essencialmente competitiva num mercado internacional. O império napoleônico, na verdade, apoiou-se em atitudes "extraeconômicas", como a pilhagem em grande escala dos territórios conquistados, e a guerra foi paga com ainda mais guerra; ao passo que no país, protegida pelo Estado, a economia francesa, "se voltava para dentro, para seus camponeses, seu comércio das pequenas localidades e suas indústrias localizadas, não competitivas e relativamente pequenas"[1].

Se a guerra incentivou certo grau de desenvolvimento industrial, foi somente depois da derrota de Napoleão, junto com a proteção oferecida por seu império, que as pressões puramente econômicas do capitalismo britânico e os imperativos da competição se fizeram sentir com plena força. A França não respondeu tentando reproduzir o padrão britânico de desenvolvimento econômico; e, pelo visto, a economia francesa não não se opôs nem se igualou às vantagens competitivas britânicas. Se ela seria capaz de fazê-lo, dadas suas relações sociais dominantes, sua maioria de camponeses e o papel do Estado como importante recurso burguês, é uma pergunta que permanece sem resposta. O desenvolvimento industrial da França não conseguiu acompanhar nem mesmo o de um país que partiu ainda mais atrasado, a Alemanha. Ainda assim, a França conquistou seus próprios sucessos, valendo-se dos seus pontos fortes e acumulando um grande capital, investindo em certas indústrias de grande valor agregado e em outras economias europeias.

As necessidades militares continuaram a ser a principal força motriz do desenvolvimento industrial, tanto na França quanto no restante da Europa, ao longo de grande parte do século XIX. O Estado incentivou não somente a produção de equipamento militar, mas também melhorias em transportes e comunicações – geralmente com a ajuda de tecnologias desenvolvidas inicialmente na Grã-Bretanha, sem falar do capital britânico. Esse tipo de desenvolvimento, com suas conquistas características em indústrias como a de ferro e aço, e com alta prioridade dada aos

---

[1] Paul Kennedy, *The Rise and Fall of the Great Powers: Economic Change and Military Conflict from 1500-2000* (Londres, Fontana, 1989), p. 171.

avanços de engenharia, seriam responsáveis, por exemplo, pela liderança francesa na produção de automóveis – até que o carro se tornasse um item de consumo de massa produzido em larga escala por Henry Ford.

A tradição de intervenção estatal na França pode parecer uma fraqueza pelos padrões do capitalismo britânico, mas também mostrou ser uma força. Ela não somente incentivou o desenvolvimento industrial na ausência das relações sociais de propriedade britânicas, mas também foi capaz, quando a economia global se tornou mais competitiva, de ajudar na administração da reestruturação do capital quando suas condições competitivas o exigiram, algo que um capitalismo britânico, mais anárquico e voltado para o curto prazo, estava singularmente mal equipado para realizar. Deve-se acrescentar que a mesma tradição tem algo a ver, mesmo hoje, com a qualidade dos serviços públicos na França.

Um padrão de desenvolvimento econômico comandado pelo Estado, em resposta a pressões militares externas, foi ainda mais pronunciado e bem-sucedido na Alemanha. Partindo de uma base material muito mais modesta, a Alemanha, por volta do fim do século XIX, e especialmente após a criação de um Estado unificado, tinha se tornado um gigante industrial e talvez a nação mais poderosa da Europa. No início do século, no tempo das guerras napoleônicas, a Alemanha era um território fragmentado de pequenos principados, dominados por uma aristocracia conservadora, ao passo que a idade de ouro do comércio alemão já pertencia ao passado. Como observou à época o filósofo Hegel, os principados alemães não estavam em posição de enfrentar o enorme poder de Napoleão. Tendo em mente essa inadequação, Hegel construiu em sua *Filosofia do direito** uma filosofia política baseada na premissa de que, para enfrentar essa ameaça, a Alemanha necessitava de um Estado francês e de uma economia britânica, uma síntese de Napoleão e Adam Smith.

Se os líderes alemães, especialmente na Prússia, e depois na Alemanha unificada, pensavam nesses termos filosóficos, não pode haver dúvida de que o projeto de formação de Estado e de desenvolvimento econômico, que se completou sob Bismarck no final do século XIX, foi, acima de tudo, uma iniciativa militar. Seus efeitos foram o aumento da produtividade, na agricultura bem como na indústria, acompanhado por muitas inovações na oferta de serviços sociais e estatais. Mas o padrão de desenvolvimento industrial deixa clara a força motivadora que impulsionou a economia alemã. O caso emblemático foi o gigante produtor de armas e de aço, Krupp.

O padrão do desenvolvimento alemão, ainda mais que o francês, apresenta um contraste notável com a industrialização induzida pelo consumo ocorrida inicialmente na Grã-Bretanha. Ali a evolução do capitalismo agrário tinha criado um mercado de massa para bens de consumo básico, no país e nas colônias, e a Revolução Industrial foi lançada por empresas relativamente pequenas que produziam bens de consumo, como tecidos de algodão, com tecnologia relativamente simples e sem grandes investimentos de capital. O desenvolvimento da indústria de aço britânica, por exemplo, teve tanto a ver com a cutelaria quanto com as armas. Embora esse tipo de produção criasse suas próprias necessidades

---

*   Ed. bras.: São Paulo, Loyola, 2010. (N. E.)

de bens industriais, e apesar de a Grã-Bretanha, evidentemente, ter suas próprias grandes empresas dedicadas à produção de bens de capital, as origens particulares do capitalismo industrial britânico continuariam a modelar a sua infraestrutura econômica. A natureza e o tamanho dessas empresas, bem como de sua cultura comercial, foi diferente da industrialização comandada pelo Estado na Alemanha, que se desenvolveu menos na busca de competitividade comercial que de superioridade militar, um padrão que continuaria a modelar seu desenvolvimento capitalista até meados do século XX.

A ERA CLÁSSICA DO IMPERIALISMO

A ascensão do capitalismo britânico, como dito, teve certamente o efeito de incentivar a industrialização de outras grandes potências europeias, mesmo sem os imperativos internos que impeliram o desenvolvimento econômico da Grã-Bretanha. Mas isso não criou, de início, o efeito de substituir rivalidades geopolíticas e militares pela competição econômica. Os Estados europeus no século XIX se engajaram em campanhas ainda mais ferozes de expansão colonial e em conflitos em torno da divisão do mundo colonial, durante a era clássica do imperialismo. Esse é o momento histórico que produziu a própria ideia do imperialismo e gerou as principais teorias criadas para analisá-lo.

As teorias clássicas do imperialismo pertencem a uma era em que o capitalismo, apesar de bem avançado em partes do mundo, estava longe de ser um sistema econômico verdadeiramente global. O poder capitalista imperial certamente abraçou grande parte do mundo, mas o fez menos pela universalidade de seus imperativos econômicos do que pela mesma força coerciva que sempre determinou as relações entre os senhores coloniais e os territórios subjugados.

Teorias de imperialismo, especialmente na esquerda marxista, refletiram essa realidade. Os principais teóricos marxistas, a exemplo do próprio Marx, partiram da premissa de que o capitalismo era ainda um fenômeno relativamente local. Marx foi misteriosamente presciente ao prever que o capitalismo se espalharia por todo o mundo. Mas ele estava primariamente interessado em explorar o capitalismo mais maduro então existente, a Grã-Bretanha industrial, e explicou a lógica sistêmica do capitalismo examinando-o como um sistema autocontido, abstraído do mundo em torno, em grande parte não capitalista. Seus principais sucessores tiveram um ponto de partida diferente. Estavam interessados principalmente – por razões históricas e políticas muito concretas – em condições que, em geral, *não* eram capitalistas. Esses marxistas posteriores geralmente partiam da premissa de que o capitalismo se dissolveria antes de chegar à maturidade ou de se tornar universal e total. Seu principal interesse era saber navegar num mundo em grande parte não capitalista.

Consideremos os principais marcos da teoria marxista no século XX. As teorias da revolução mais influentes e famosas, de Lenin a Mao, foram construídas em situações em que o capitalismo mal existia, ou permanecia menos desenvolvido, e onde não havia proletariado de massa, onde a revolução teve de depender de alianças entre uma minoria de trabalhadores e, em particular, uma massa de camponeses pré-capitalistas. As teorias marxistas clássicas do imperialismo representaram um importante desvio de foco das operações internas das economias capitalistas avançadas para as relações externas do capitalismo. Mesmo na Europa Ocidental, os principais teóricos marxistas passaram a se preocupar com as interações entre o capitalismo e o neocapitalismo e com os conflitos entre Estados capitalistas em relação ao mundo não capitalista.

Apesar dos profundos desacordos entre os teóricos marxistas clássicos do imperialismo, eles tinham em comum uma premissa fundamental: que o imperialismo estava relacionado com a localização do capitalismo num mundo que não era, e aparentemente nunca seria, completamente, nem mesmo predominantemente, capitalista. Por exemplo, sob a ideia leninista básica de que o imperialismo representava "a fase superior do capitalismo", estava a premissa de que o capitalismo havia atingido uma fase cujo eixo principal do conflito internacional e do enfrentamento militar se localizaria entre Estados imperialistas. Mas essa competição era, por definição, uma rivalidade em torno da divisão e redivisão de um mundo em grande parte não capitalista. Quanto mais se espalhava o capitalismo (a taxas desiguais), mais aguda era a rivalidade entre as principais potências imperialistas. Ao mesmo tempo, elas enfrentariam resistência crescente. A questão – e a razão por que o imperialismo era o estágio mais alto do capitalismo – era que essa era a fase *final*, o que significava que o capitalismo terminaria antes que as vítimas não capitalistas do imperialismo fossem, por fim, completamente engolidas pelo capitalismo.

Esse argumento foi defendido de forma mais explícita por Rosa Luxemburgo. A essência de sua obra clássica de economia política, *A acumulação do capital*, é oferecer uma alternativa ou uma complementação à análise de Marx sobre o capitalismo – essencialmente em um país – como sistema autocontido. Ela argumentou que o sistema capitalista necessita de uma saída para formações não capitalistas, razão por que capitalismo inevitavelmente significa militarismo e imperialismo. O militarismo capitalista, depois de passar pelas várias fases iniciadas pela conquista de território, chegava então à sua fase "final", como "uma arma na luta competitiva entre países capitalistas por áreas de civilização não capitalista". Mas uma das contradições fundamentais do capitalismo, sugere a autora, é que, "apesar de ele lutar para ser universal, e de fato por causa dessa tendência, ele deve sucumbir – por ser imanentemente incapaz de se tornar uma forma universal de produção". Ele é o primeiro modo da economia que tende a engolfar todo o mundo, mas é também o primeiro que não pode existir por si só porque "necessita de outros sistemas econômicos como meio e solo"[2].

Assim, nessas teorias do imperialismo, o capitalismo apropria, por definição, um ambiente não capitalista. Na verdade, o capitalismo depende para sua sobrevivência não somente da existência dessas formações não capitalistas, mas de instrumentos essencialmente pré-capitalistas de força "extraeconômica": coerção militar e geopolí-

---

[2] Rosa Luxemburgo, *The Accumulation of Capital* (Londres, Routledge and Kegan Paul, 1963), p. 467 [ed. bras.: *A acumulação do capital*, São Paulo, Nova Cultural, 1985].

tica, tradicionais rivalidades entre Estados, guerras coloniais e dominação territorial. Esses relatos foram profundamente esclarecedores com relação à época em que foram escritos; e até hoje não se demonstrou que eles estavam errados ao presumir que o capitalismo não seria capaz de universalizar seus sucessos e a prosperidade das economias mais avançadas, nem que as potências capitalistas mais importantes sempre dependeriam da exploração das economias subordinadas. Mas ainda não vimos uma teoria sistemática do imperialismo criada para um mundo em que as relações internacionais sejam internas ao capitalismo e governadas por imperativos capitalistas. Isso, ao menos em parte, é porque um mundo de capitalismo mais ou menos universal, em que os imperativos desse sistema sejam um instrumento universal de dominação imperial, é um desenvolvimento muito recente.

Mas, por mais avançado que fosse o desenvolvimento do capitalismo em partes da Europa, ela entrou na Primeira Guerra Mundial como um continente de impérios geopolíticos e militares rivais. Os Estados Unidos também desempenharam seu papel nesse antigo sistema imperial. Desde os primeiros dias da Doutrina Monroe, eles tinham estendido sua "esfera de influência", no hemisfério ocidental e além, por meios militares, quando não (ou nem sempre) para o propósito de colonização direta, então certamente para assegurar regimes submissos.

O mundo emergiu da guerra com algumas das maiores potências imperiais em frangalhos. Mas, se a era clássica do imperialismo terminou efetivamente em 1918, e se os Estados Unidos já mostravam sinais de que se tornariam o primeiro império verdadeiramente econômico (não, evidentemente, sem contar com muita força extraeconômica e com uma história de violência imperial direta), várias décadas se passariam antes que surgisse claramente uma nova forma de império, o que não se pode afirmar ter acontecido antes do final da Segunda Guerra Mundial.

Essa pode ter sido a última grande guerra entre potências capitalistas movida pela busca direta de expansão territorial para atingir objetivos econômicos – acima de tudo a campanha alemã lançada, de acordo com seus maiores interesses industriais, para conquistar o controle não só da terra e dos recursos da Europa Oriental, mas até mesmo dos campos de petróleo do Cáspio e do Cáucaso. Foi também o último conflito entre as potências capitalistas em que, apesar de perseguirem interesses econômicos, os principais agressores se valeram completamente da força extraeconômica, e não dos imperativos de mercado, sujeitando suas próprias economias ao controle total por Estados completamente militarizados. Quando as duas potências derrotadas, Alemanha e Japão, surgiram como os principais competidores da economia norte-americana, com grande ajuda dos vencedores, começou verdadeiramente uma nova era.

Essa seria uma era em que a competição econômica – associada desconfortavelmente à necessária cooperação entre Estados capitalistas para assegurar seus mercados – superou a rivalidade militar entre as maiores potências capitalistas. O principal eixo de conflito geopolítico e militar teria lugar não entre potências capitalistas, mas entre o mundo capitalista e o não capitalista desenvolvido – até o final da Guerra Fria, quando até a antiga União Soviética foi atraída para a órbita

IMPÉRIO DO CAPITAL

capitalista. Mas mesmo não se dando entre potências capitalistas rivais, tal conflito teve implicações de longo alcance para a ordem capitalista global.

O conflito entre os Estados Unidos e a União Soviética nunca resultou em enfrentamento militar direto, mas ainda assim a Guerra Fria marcou uma transição importante no papel do poder militar imperial. Sem buscar expansão territorial direta, os Estados Unidos se tornaram a força militar mais poderosa do mundo, com uma economia altamente militarizada. Foi durante essa época que o propósito das potências militares se afastou decisivamente dos objetivos relativamente bem definidos de expansão imperial e rivalidade interimperialista para o objetivo genérico de policiar o mundo no interesse do capital (norte-americano). Esse padrão militar e as necessidades a que atendia não mudariam com o "colapso do comunismo"; e a Guerra Fria seria substituída por outros cenários de guerra sem fim. A Doutrina Bush descendeu diretamente das estratégias nascidas durante a Guerra Fria.

Também se alteraram as relações com o mundo menos desenvolvido. Na esteira da Primeira Guerra Mundial, quando impérios desmoronavam, proliferaram os Estados-nação, não só em consequência das lutas de libertação nacional, mas também, de forma geral, por uma questão de política imperialista. No Oriente Médio, por exemplo, as potências ocidentais, principalmente a Grã-Bretanha e a França, começaram a trinchar as sobras do Império Otomano, não apropriando-as como possessões coloniais diretas, mas criando Estados novos e de alguma forma abstratos, que se ajustassem aos seus próprios objetivos imperiais, principalmente para controlar o fornecimento de petróleo – uma tarefa que mais tarde foi assumida pelos Estados Unidos.

O novo imperialismo que viria a surgir do naufrágio do anterior não seria uma relação entre senhores imperiais e súditos coloniais, mas uma interação complexa entre Estados mais ou menos soberanos. O imperialismo capitalista certamente absorveu o mundo em sua órbita econômica, que era, cada vez mais, um mundo de Estados-nação. Os Estados Unidos saíram da Segunda Guerra Mundial como a maior potência militar e econômica e assumiram o comando de um novo imperialismo governado por imperativos econômicos e administrado por um sistema de múltiplos Estados – com todas as contradições e os perigos que tal combinação apresentaria. Esse império econômico seria sustentado pela hegemonia política e militar sobre um complexo sistema de Estados, composto por inimigos que tinham de ser contidos, amigos que tinham de ser mantidos sob controle e um "terceiro mundo" que tinha de ser colocado à disposição do capital ocidental.

GLOBALIZAÇÃO

Quando este livro estava sendo escrito, uma nova nação surgia. Depois de uma batalha longa, dura e corajosa, o Timor Leste ganhou sua independência da Indonésia. A história desse novo Estado encapsula o desenvolvimento do imperialismo, desde suas origens não capitalistas até a "globalização": a colonização do Timor por Portugal no século XVI pelas razões usuais, como o acesso a recursos e trabalho escravo; o conflito entre os interesses portugueses e holandeses, que ao fim levou à divisão da ilha entre as potências imperiais no século XIX, com o leste permanecendo nas mãos portuguesas; a substituição da colonização europeia direta no final do século XX por um ditador local, Suharto, da Indonésia, que foi útil ao Ocidente e apoiado por países ocidentais, particularmente os Estados Unidos, em sua opressão assassina do Timor Leste; e, finalmente, um Estado independente, conquistado por uma luta sangrenta e já, mesmo enquanto ainda em gestação, sujeito a novas pressões do Ocidente.

Resta saber como o poder imperial vai impor seus imperativos ao pequeno novo Estado. Mas as próprias condições que deveriam torná-lo capaz de alguma independência daqueles imperativos, e livrá-lo da dívida que é o principal instrumento do novo imperialismo, são exatamente aquelas que o tornam vulnerável a pressões imperiais: grandes reservas submarinas de petróleo e gás entre a ilha e a Austrália. Podemos estar certos de que esta, com a ajuda dos Estados Unidos, fará tudo que estiver ao seu alcance para assegurar as condições mais favoráveis para as grandes companhias petrolíferas e economias imperiais; e a probabilidade de que o Timor Leste continue livre de dívidas deve permanecer muito em dúvida.

À medida que o Timor Leste emergia para a condição de Estado, a ONU passou a negociar em seu nome um novo tratado de energia, para extrair melhores termos que os obtidos pela Indonésia anos antes da Austrália e das principais companhias petrolíferas. O governo dos Estados Unidos, na pessoa do vice-presidente Dick Cheney, ele próprio um homem do petróleo, interveio para impedir que se fosse longe demais, uma simples amostra do que se pode esperar quando o Timor Leste se vê forçado a navegar em um mundo dominado pelo enorme poder econômico e militar dos Estados Unidos. O novo governo timorense já foi forçado por ameaças de Colin Powell a aceitar ajuda norte-americana e a dar uma promessa escrita de que não submeteria cidadãos daquele país a julgamento por crimes contra a humanidade no tribunal criminal internacional[3].

O Timor Leste é apenas o exemplo mais recente, em escala muito pequena, da estratégia preferida do novo imperialismo. O atual poder hegemônico pôde, crescentemente desde o final da Segunda Guerra Mundial e sem dúvida a partir do colapso do comunismo, ditar suas condições ao mundo, não sem coerção militar, mas certamente sem controle colonial direto. E descobriu várias maneiras de impor seus imperativos econômicos a Estados claramente independentes.

O início formal dessa nova ordem imperial pode ser datado com grande precisão durante e imediatamente após a guerra. Os Estados Unidos afirmaram sua supremacia militar com as bombas atômicas em Hiroshima e Nagasaki; e sua hegemonia econômica com o estabelecimento do sistema de Bretton Woods, o FMI, o Banco Mundial e, pouco mais tarde, o Acordo Geral de Tarifas e Comércio (Gatt, na sigla em inglês). O objetivo claro de tais acordos e instituições era estabilizar a economia mundial, racionalizar suas moedas tornando-as livremente conversíveis para o dólar norte-americano e estabelecer uma estrutura de reconstrução e desenvolvimento

---

[3] Jonathan Steele, "East Timor is Independent. So Long As It Does As It's Told", *The Guardian*, Londres, 25 maio 2002.

econômicos. Mas tais objetivos seriam conquistados em termos muito particulares. O fim era abrir outras economias, seus mercados, sua mão de obra e seus mercados aos capitais ocidentais, especialmente o norte-americano, o que seria realizado pelo meio simples de tornar a reconstrução das economias europeias e o desenvolvimento do "terceiro mundo" dependentes da aceitação das condições impostas principalmente pelos Estados Unidos. As instituições econômicas globais foram acompanhadas da organização política, as Nações Unidas. Criada para ter pouco efeito sobre a economia global, a ONU teria o papel de manter um simulacro de ordem política num sistema de Estados múltiplos, sendo sua própria existência um desincentivo a formas de organização internacional menos adequadas às potências dominantes.

Nesse estágio, com uma economia em forte expansão nos Estados Unidos, o poder imperial estava interessado em incentivar uma espécie de "desenvolvimento" e "modernização" no terceiro mundo como meio de expandir seus próprios mercados. Quando chegou ao fim o longo período de expansão do pós-guerra, mudaram os requisitos, e o objetivo de expandir mercados foi substituído por outras necessidades. Apesar de o objetivo geral da ordem econômica do pós-guerra até e inclusive – ou especialmente – a recente fase da "globalização" ter se mantido essencialmente o mesmo, as regras específicas da economia mundial se transformaram, de acordo com as novas necessidades do capital norte-americano. O sistema de Bretton Woods foi abandonado no início da década de 1970, substituído por outros princípios de ordem econômica, de acordo com as necessidades imperiais.

Foi esse o início da longa retração que afetou todas as economias ocidentais, em particular a norte-americana, até o início da década de 1990 (e até hoje, embora suas consequências tenham sido mascaradas pela bolha do mercado de ações e pelo "efeito riqueza"). A economia global foi forçada a carregar o peso daquele declínio. Depois de décadas impetuosas de crescimento sustentado e produtividade crescente durante a longa expansão, a economia norte-americana entrou num grande período de estagnação e lucratividade decrescente, uma crise caracteristicamente – e unicamente – capitalista de excesso de capacidade e superprodução, inclusive porque seus antigos adversários militares, o Japão e a Alemanha, se tornaram competidores econômicos extremamente eficazes. O problema agora era descobrir como deslocar a crise no espaço e no tempo[4].

O que se seguiu foi o período que chamamos de globalização, a internacionalização do capital, seus movimentos rápidos e livres e a mais predatória especulação financeira por todo o globo. Foi uma resposta, tanto quanto qualquer outra, não aos sucessos, mas aos fracassos do capitalismo. Os Estados Unidos usaram seu controle das redes comerciais e financeiras para adiar o dia do acerto de contas do

---

[4]   Sobre o longo declínio, ver Robert Brenner, *The Economics of Global Turbulence: Uneven Development and the Long Downturn to Stagnation*, edição especial da *New Left Review*, Londres, n. 229, maio-jun. 1998. Sobre o deslocamento da crise capitalista no espaço e no tempo, ver David Harvey, *The Limits to Capital* (Londres, Verso, 1999 [ed. bras.: *Os limites do capital*, São Paulo, Boitempo, 2013]). Sobre o deslocamento do capital sobreacumulado e seus efeitos na África, ver Patrick Bond, *Against Global Apartheid: South Africa Meets the World Bank, IMF and International Finance* (Cidade do Cabo, University of Cape Town Press, 2001), especialmente p. 7-10.

seu próprio capital interno, o que lhes permite passar o peso a outros, facilitando os movimentos do excesso de capital para buscar lucros onde quer que pudessem ser encontrados, numa orgia de especulação financeira.

Impuseram-se às economias em desenvolvimento condições que se ajustassem às novas necessidades. No que passou a ser chamado de "Consenso de Washington", e por meio do FMI e do Banco Mundial, o poder imperial exigiu "ajustes estruturais" e uma variedade de medidas que teriam o efeito de tornar essas economias ainda mais vulneráveis às pressões do capital global sob o comando dos Estados Unidos: por exemplo, uma ênfase na produção para exportação e a remoção de controles de importação, com o que a sobrevivência dos produtores passou a depender do mercado, abrindo-os simultaneamente, especialmente no caso da produção agrícola, à competição dos produtores ocidentais altamente subsidiados; a privatização dos serviços públicos, que então se tornaram vulneráveis à anexação por companhias sediadas nas maiores potências capitalistas; altas taxas de juros e desregulação financeira, que geraram grandes ganhos para os interesses financeiros norte-americanos, criando simultaneamente uma crise da dívida no terceiro mundo (e, em última análise, numa das crises perenes do capitalismo, uma recessão no centro do império); e assim por diante.

Evidentemente, esse não é o fim da história, mas este livro não é o lugar para explorar os ciclos de expansão e queda do capitalismo ou suas tendências ao declínio e à estagnação no longo prazo. Basta dizer que esse tipo de controle da economia global de que desfrutam os Estados Unidos, apesar de não ser capaz de resolver as contradições da "economia de mercado", pode ser – e está sendo – usado para compelir outras economias a servir aos interesses da potência hegemônica em resposta às necessidades flutuantes de seu próprio capital interno – pela manipulação da dívida, das regras de comércio, da ajuda externa e de todo o sistema financeiro. Num minuto, ele pode forçar agricultores de subsistência a passar à produção de culturas de exportação e, no minuto seguinte, conforme a necessidade, é capaz de destruir completamente esses agricultores, exigindo a abertura dos mercados do terceiro mundo, enquanto protege e subsidia seus próprios produtores agrícolas. Pode sustentar temporariamente a produção industrial em economias emergentes por meio da especulação financeira e, em seguida, puxar o tapete dessas economias pela cobrança dos lucros da especulação ou redução dos prejuízos e seguindo em frente. O fato de que, mais cedo ou mais tarde, os efeitos dessas práticas retornam para assombrar a economia imperial é apenas uma das muitas contradições desse sistema imperial.

A globalização realmente existente significa a abertura das economias subordinadas e sua vulnerabilidade ao capital imperial, enquanto a economia imperial continua protegida tanto quanto possível dos efeitos esperados. Globalização não tem nada a ver com liberdade de comércio. Pelo contrário, ela está associada ao controle cuidadoso das condições de comércio, no interesse do capital imperial. Argumentar, como fazem alguns analistas, que o problema da globalização não é o fato de haver muita liberdade, mas o de não haver o suficiente, e que os países pobres precisam de verdadeira liberdade de comércio e acesso aos mercados ocidentais é deixar de perceber a globalização de uma maneira fundamental. Ainda

IMPÉRIO DO CAPITAL

que fosse uma via de mão dupla, a abertura da economia global não atenderia ao objetivo para o qual o sistema foi criado; e, de qualquer forma, o principal perigo para as economias pobres é menos o fechamento dos mercados imperiais que a sua própria vulnerabilidade ao capital imperial.

Sejamos claros quanto ao que é a globalização e, mais particularmente, quanto ao que ela não é. Ela não é, para começar, uma economia mundial verdadeiramente integrada. Ninguém duvida que movimentos de capital através de fronteiras nacionais sejam frequentes e assustadoramente rápidos na economia global de hoje, ou que as instituições supranacionais surgiram para facilitar esses movimentos – mas se isso quer dizer que os mercados estão substancialmente mais integrados do que em qualquer outra época no passado é outra questão.

O primeiro ponto, e o mais elementar, é que as chamadas corporações "multinacionais" têm geralmente sua base, junto com seus maiores acionistas e diretorias, numa única nação, da qual dependem de muitas maneiras fundamentais. Além disso, alguns analistas argumentam que, de acordo com várias medidas de integração, a globalização está longe de avançada e sob muitos aspectos está menos avançada que em épocas anteriores – por exemplo, na magnitude do comércio internacional como parcela do produto interno bruto ou das exportações globais como proporção do produto global.

Mas devemos aceitar que a velocidade e a extensão dos movimentos de capital, especialmente os que dependem das tecnologias de informação e comunicação, criaram algo inteiramente novo. Devemos até mesmo aceitar que o mundo é mais "interdependente", ao menos no sentido de que os efeitos dos movimentos econômicos nos centros do capital são sentidos em todo o globo. Permanece uma indicação dominante de que o mercado global ainda está longe de integrado: o fato de que salários, preços e condições de trabalho ainda estejam tão diversificados em todo o mundo. Os imperativos de um mercado verdadeiramente integrado se imporiam universalmente para compelir todos os competidores a se aproximarem de alguma média social comum de produtividade e custos de trabalho, para sobreviver em condições de competição de preços.

Esse fracasso aparente da integração global não é tanto um fracasso da globalização quanto seu sintoma. A globalização teve tanto a ver com o *impedimento* quanto com a promoção da integração. Os movimentos globais do capital exigem não somente o acesso livre através das fronteiras ao trabalho, aos recursos e aos mercados, mas também à proteção contra movimentos de oposição, além de algum tipo de fragmentação econômica e social que enfatize a lucratividade ao diferenciar os custos e condições de produção. Também nesse caso é o Estado-nação que deve executar o delicado ato de equilíbrio entre abrir as fronteiras ao capital global e impedir um tipo e grau de integração que poderia ir muito longe na equiparação das condições entre os trabalhadores em todo o mundo.

Não se pode nem afirmar que o capital global ganharia mais com a equiparação dos custos do trabalho sujeitando os trabalhadores nos países capitalistas avançados à competição dos regimes de baixo custo de trabalho. Isso é certamente verdade, até certo ponto. Mas, além dos perigos da agitação social no país, existe a contradição inevitável entre as necessidades constantes do capital de reduzir os custos do trabalho e, ao mesmo tempo, expandir o consumo, o que exige que as pessoas tenham dinheiro para gastar. Isso é também uma das contradições insolúveis do capitalismo. Em geral, porém, o capital se beneficia da desigualdade de desenvolvimento, ao menos no curto prazo (e o "curtoprazismo" é uma doença endêmica do capitalismo). A fragmentação do mundo em economias separadas, cada uma com seu próprio regime social e de condições de trabalho, presididas por Estados territoriais mais ou menos soberanos, é não menos essencial para a "globalização" que a livre movimentação do capital. Uma função que não é a menos importante do Estado-nação na globalização é impor o princípio da nacionalidade, que torna possível, no interesse do capital, administrar os movimentos do trabalho por meio de controles rígidos de fronteira e de rigorosas políticas de imigração.

O Estado indispensável

Alguns dos críticos mais conhecidos da globalização, ao menos nas economias capitalistas dominantes, caracterizam-na principalmente como um desenvolvimento movido e dominado por companhias multinacionais, cujas marcas infames – Nike, McDonald's, Monsanto e assim por diante – são os símbolos do capitalismo global de hoje. Ao mesmo tempo, parecem supor que os serviços tradicionalmente executados pelos Estados-nação para o capital nacional devem agora ser executados para as companhias multinacionais por algum tipo de Estado global. Na ausência deste, o trabalho político do capital global está aparentemente sendo feito por instituições transnacionais como a OMC, o FMI, o Banco Mundial ou o G8. Movimentos anticapitalistas agindo de acordo com essas premissas alvejaram as companhias multinacionais por meios como boicote de consumo, sabotagens e manifestações; e dirigiram suas energias de oposição contra as organizações multinacionais que parecem mais próximas de representar o braço político do capital global, da forma como o Estado-nação tradicionalmente representou o capital nacional.

Esses movimentos "anticapitalistas" foram eficazes em trazer à luz os efeitos devastadores da "globalização", especialmente ao capturar a atenção do mundo capitalista avançado, que há muito tempo ignora as consequências do capitalismo global. Aumentaram a consciência de muitas pessoas em todo o mundo e ofereceram a promessa de novas forças opositoras. Mas é possível que, sob certos aspectos, eles se baseiem em premissas falsas. A convicção de que as companhias globais são a fonte última dos males da globalização e de que o poder do capital global está politicamente representado acima de tudo nas instituições supranacionais, como a OMC, talvez seja baseada na premissa de que o capitalismo global se comporta da maneira como se comporta por ser global, e não (ou especificamente) por ser capitalista. A principal tarefa das forças opositoras, ao que parece, é visar os instrumentos do alcance global do capital, e não desafiar o sistema capitalista em si.

De fato, muitos participantes de movimentos desse tipo não são tanto anticapitalistas quanto "antiglobalização", ou talvez antineoliberais, ou quem sabe apenas contrários a algumas companhias particularmente malignas. Eles pressupõem que os efeitos nocivos do sistema capitalista podem ser eliminados domesticando-se as companhias globais ou tornando-as mais "éticas", "responsáveis", socialmente conscientes.

Mas mesmo aqueles mais inclinados a se opor ao sistema capitalista propriamente dito podem supor que, quanto mais global se torna a economia capitalista, mais global será a organização política do capital. Assim, se a globalização tornou cada vez mais irrelevante o Estado nacional, as lutas anticapitalistas devem passar imediatamente para além do Estado-nação, para as instituições nas quais o poder do capital global se encontra verdadeiramente.

Precisamos examinar criticamente esses pressupostos, mas não porque os movimentos anticapitalistas estejam errados em sua convicção de que as companhias multinacionais causem grandes danos e precisem ser desafiadas, ou que a OMC e o FMI estejam fazendo o trabalho do capital global – o que certamente não é o caso. Eles também não estão errados em seu internacionalismo ou sua insistência na solidariedade entre forças opositoras em todo o mundo. Precisamos escrutinar a relação entre o capital global e os Estados nacionais porque mesmo a eficácia da solidariedade internacional depende de uma avaliação precisa das forças à disposição do capital e daquelas acessíveis à oposição.

Já deve estar claro que, assim como a globalização não é uma economia mundial verdadeiramente integrada, ela também não é um sistema de Estados-nação em declínio. Pelo contrário, o Estado está no coração do novo sistema global. Como vimos no primeiro capítulo, ele continua a desempenhar seu papel essencial na criação e manutenção das condições de acumulação de capital; e nenhuma outra instituição, nenhuma agência transnacional, começou, por enquanto, a substituir o Estado-nação como garantidor administrativo e coercivo de ordem social, relações de propriedade, estabilidade ou previsibilidade contratual, nem como qualquer outra das condições básicas exigidas pelo capital em sua vida diária.

Assim como o Estado está longe de ser fraco, as companhias multinacionais estão longe de ser todo-poderosas. Um exame das operações corporativas provavelmente revelaria que "empresas multinacionais não são particularmente boas em administrar suas operações internacionais" e que os lucros tendem a ser mais baixos, enquanto os custos são mais altos, que nas operações domésticas[5]. Tais empresas "têm muito pouco controle sobre suas próprias operações internacionais, e ainda menos sobre a globalização". Qualquer sucesso desfrutado por essas companhias na economia global dependeu do apoio indispensável do Estado, tanto na localização de sua sede no próprio país quanto nos outros países de sua rede "multinacional".

O Estado, tanto nas economias imperiais quanto nas subordinadas, ainda oferece as condições indispensáveis de acumulação para o capital global, tanto como para as empresas locais; e, em última análise, é o criador das condições que permitem ao capital global sobreviver e navegar o mundo. Não seria um exagero dizer que o Estado é a *única* instituição não econômica verdadeiramente indis-

---

[5] São esses os resultados de um estudo do Conselho de Pesquisa Econômica e Social, resumidos pelo professor Alan Rugman, citado em Larry Elliott, "Big Business isn't Really that Big", *The Guardian*, Londres, 2 set. 2002, p. 23.

pensável ao capital. Apesar de podermos imaginar que o capital continuaria suas operações diárias se a OMC fosse destruída, e talvez até agradecesse a remoção de obstáculos colocados em seu caminho por organizações que dão alguma voz às economias subordinadas, é inconcebível que essas operações pudessem sobreviver por muito tempo à destruição do Estado local.

A globalização foi certamente marcada pela retirada do Estado das suas funções de bem-estar social e melhoria social; para muitos observadores, isso, mais do que qualquer outra coisa, criou uma impressão de declínio do Estado. Mas, apesar de todos os ataques ao Estado de bem-estar lançados por sucessivos governos neoliberais, não se pode nem mesmo argumentar que o capital global tenha tido condições de operar sem as funções sociais executadas pelos Estados-nação desde os primeiros dias do capitalismo. Mesmo enquanto forças e movimentos operários de esquerda recuavam, quando os chamados governos social-democratas se juntaram ao assalto neoliberal, pelo menos uma rede mínima de "segurança" de provisão social provou ser uma condição essencial de sucesso econômico e estabilidade social nos países capitalistas avançados. Ao mesmo tempo, países em desenvolvimento que no passado talvez tivessem sido capazes de se valer mais de apoios tradicionais, como as famílias estendidas e aldeias comunitárias, passaram a sofrer pressão para transferir pelo menos algumas dessas funções para o Estado, à medida que o processo de "desenvolvimento" e mercantilização da vida destruía ou enfraquecia as antigas redes sociais – embora, ironicamente, isso os tenha tornado ainda mais vulneráveis às demandas do capital imperial, à medida que a privatização dos serviços públicos se tornou uma condição de investimento, empréstimos e ajuda.

Os movimentos de oposição devem lutar constantemente para manter algo que se aproxime de uma provisão social decente. Mas é difícil ver como uma economia capitalista pode sobreviver, quanto mais prosperar, sem um Estado que até certo ponto, ainda que inadequadamente, equilibre as quebras sociais e econômicas causadas pelo mercado capitalista e pela exploração de classe. A globalização, que continuou a solapar as comunidades e redes sociais tradicionais, tornou a função estatal mais, e não menos, necessária à preservação do sistema capitalista. Isso não quer dizer que o capital decida incentivar deliberadamente as provisões sociais. Significa simplesmente que sua hostilidade a programas sociais, considerados necessariamente obstáculos à acumulação de capital, é uma das muitas contradições insolúveis do capitalismo.

Também no plano internacional o Estado continua sendo vital. O novo imperialismo, diferentemente de outras formas de império colonial, depende mais que nunca de um sistema de múltiplos Estados nacionais mais ou menos soberanos. O próprio fato de a "globalização" ter estendido os poderes puramente econômicos muito além do alcance de qualquer Estado nacional significa que o capital global exige *muitos* Estados-nação para executar as funções administrativas e coercivas que sustentam o sistema de propriedade e oferecem o tipo de regularidade e previsibilidade diárias, bem como a ordem legal de que o capitalismo necessita mais que qualquer outra forma social. Nenhuma forma concebível de "governança global" poderia oferecer esse tipo de ordem diária ou as condições de acumulação que o capital exige.

O mundo hoje é mais do que nunca um mundo de Estados-nação. A forma política da globalização não é um Estado global, ou uma soberania global. A falta de correspondência entre a economia global e os Estados nacionais também não representa simplesmente algum tipo de atraso no desenvolvimento político. A própria essência da globalização é uma economia global administrada por um sistema de Estados múltiplos e soberanias locais, estruturada numa relação complexa de dominação e subordinação.

A administração e a imposição do novo imperialismo por um sistema de Estados múltiplos criaram por si só muitos problemas, evidentemente. Não é simples manter o tipo certo de ordem entre tantas entidades nacionais, cada uma com suas próprias necessidades e pressões internas, sem falar dos seus próprios poderes coercivos. Inevitavelmente, administrar um sistema como esse exige, em última instância, um único poder militar esmagador, capaz de manter todos os outros na linha. Ao mesmo tempo, esse poder não pode ter autorização para romper a previsibilidade ordeira exigida pelo capital, nem a guerra pode colocar em risco os mercados e as fontes vitais de capital. Esse é o enigma a ser resolvido pela única superpotência do mundo.

7
"Imperialismo excedente", guerra sem fim

Pela primeira vez na história do Estado-nação moderno, as maiores potências do mundo não estão engajadas numa rivalidade geopolítica e militar direta. Essa rivalidade foi efetivamente deslocada pela competição à maneira capitalista. Ainda assim, à medida que a competição econômica foi superando o conflito militar nas relações entre os principais governos, mais os Estados Unidos lutaram para se tornar o poder militar mais esmagadoramente dominante que o mundo já viu.

Por que é necessário, na nova ordem capitalista mundial, que os Estados Unidos respondam por no mínimo 40% dos gastos militares do mundo, particularmente quando o país ainda tem tantas necessidades internas não atendidas, como, por exemplo, um sistema de saúde decente? Por que existe uma disparidade de poder tão grande no mundo, em que a "assimetria" mais gritante não é a que existe entre os Estados Unidos e os "Estados bandidos", ou "terroristas", mas "entre os Estados Unidos e o restante das potências"[1]? Já se disse que os Estados Unidos possuem hoje uma força militar maior que o conjunto das oito potências seguintes reunidas (e, de acordo com algumas avaliações, maior que todos os outros países combinados), mas o seu orçamento é igual ao dos doze ou quinze seguintes reunidos. Alguns poderiam chamar isso de "imperialismo excedente", mas seja qual for o nome que se dê, suas razões não são de nenhum modo óbvias[2].

Esse é o paradoxo do novo imperialismo. É o primeiro imperialismo em que o poder militar foi criado não para conquistar território nem para derrotar rivais. É um imperialismo que não busca expansão territorial nem dominação física de rotas territoriais. Ainda assim ele produziu essa enorme e desproporcional capacidade militar com um alcance global sem precedentes. Talvez seja precisamente por não ter nenhum objetivo claro e finito que o novo imperialismo exija força militar tão pesada. A dominação ilimitada de uma economia global e dos múltiplos Estados que a administram exige ação militar sem fim, em propósito ou tempo.

---

[1] Paul Kennedy, "The Eagle has Landed", *Financial Times*, Londres, 2-3 fev., 2002, p. I.

[2] Devo a expressão a Robert Brenner.

Guerra sem fim

Quando, em 2001, os Estados Unidos (e a Grã-Bretanha) não conseguiram lançar um ataque maciço contra o Afeganistão dias depois das atrocidades do 11 de Setembro, houve uma surpresa quase universal, mesmo que marcada por desapontamento ou alívio[3]. As pessoas já estavam esperando um assalto maciço e imediato de alta tecnologia, que pouparia a vida de membros das forças norte-americanas enquanto impunha enormes "danos colaterais". Mas fomos informados de que, daquela vez, os "moderados" da Casa Branca tinham vencido, pelo menos durante algum tempo, no mínimo porque as exigências de preservação da coalizão contra o terrorismo aconselhava cautela, ou porque o inverno já se aproximava, ou ainda porque os talibãs poderiam simplesmente implodir sem luta. Qualquer ataque – e talvez não houvesse nenhum – seria "medido" e "proporcional". Os otimistas esperavam que Bush tivesse aprendido as virtudes do multilateralismo. Os pessimistas temiam que o pior ainda estivesse por vir. Mas críticos e correligionários estavam igualmente espantados diante da temperança exibida pela única superpotência do mundo.

Então começaram os bombardeios. Os maciços ataques de alta tecnologia, com todos os danos colaterais, ocorreram como antes. Ainda assim, ouviram-se vozes cheias de esperança de que os alvos escolhidos seriam cuidadosamente determinados e "proporcionais" e de que a campanha seria curta. Nesse meio tempo, os Estados Unidos disseram à ONU que se reservavam o direito de deixar em aberto a possibilidade de outros alvos que não o Afeganistão. Quando o regime talibã entrou em colapso naquele país, o fim da "guerra contra o terror" estava ainda mais distante do que parecia no início.

Uma parte do raciocínio por trás desse projeto militar sem fim foi revelada no início da guerra. Em 30 de setembro o *Observer* publicou em Londres uma reportagem especial, "Inside the Pentagon" [Por dentro do Pentágono]:

> Enquanto a guerra começa no Afeganistão, também começa o assalto à Casa Branca – para conquistar os ouvidos e as ordens assinadas do Comandante em Chefe das forças armadas, o presidente George W. Bush, para o que os falcões do Pentágono chamavam de "Operação Guerra Infinita".[...]
>
> O *Observer* foi informado de que duas propostas detalhadas de guerra sem limites foram apresentadas nesta semana ao presidente pelo secretário de Defesa, Donald Rumsfeld, ambas temporariamente abandonadas mas ainda mantidas em suspenso. Foram desenvolvidas por seu assistente Paul Wolfowitz. [...] Esses planos pedem uma guerra sem fim e sem restrições de tempo nem geografia. [...]
>
> Os militantes do Pentágono preferem falar de "alianças rotativas", que parecem um diagrama de Venn, com um centro sobreposto e poucos países entrando na órbita dos Estados Unidos para diferentes setores e períodos da guerra infinita. Os únicos países no meio da rosa do diagrama, onde todos os círculos se sobrepõem, são os Estados Unidos, a Grã-Bretanha e a Turquia.

---

[3] Esta seção é baseada no meu artigo "Infinite War", *Historical Materialism*, Londres, v. 10, n. 1, 2002.

> Funcionários dizem que numa guerra sem precedentes as regras devem ser escritas à medida que ela avança, e que é "irrelevante" a chamada "Doutrina Powell", que propõe não haver intervenção militar sem objetivos políticos "claros e realizáveis" [...].[4]

A rejeição da noção de que a intervenção militar deva ter objetivos políticos claros e realizáveis já diz tudo, e articula uma doutrina desenvolvida desde a Guerra Fria. Os Estados Unidos e seus aliados, principalmente a Grã-Bretanha, estavam redefinindo a guerra e os critérios pelos quais julgá-la. A nova doutrina de guerra que parece estar surgindo é o corolário necessário de uma nova forma de império.

Imediatamente após as atrocidades do 11 de Setembro, o presidente Bush anunciou que seu propósito era livrar o mundo dos malfeitores. Naquele momento, a "guerra contra o terrorismo" estava sendo chamada de "Operação Justiça Infinita". Pouco tempo depois, o primeiro-ministro britânico Tony Blair disse no Congresso do Partido Trabalhista que a campanha em vigor deveria ser parte de um projeto de "reordenamento do nosso mundo". Nada que foi dito antes ou depois ajudou muito a esclarecer ou estreitar essas grandiosas ambições. Observadores solidários não estavam menos perdidos que os críticos para explicar com precisão qual seria o objetivo da primeira etapa militar: capturar Osama Bin Laden; destruir os campos de treinamento da Al-Qaeda (à época certamente vazios); ou derrubar o Talibã, com ou sem a imposição de um novo governo; para não falar dos outros objetivos, como ataques ao Iraque para completar o trabalho que o ex-presidente George Bush pai não tinha terminado.

Diante dessas incertezas, houve uma tendência a se admitir que ou a Casa Branca estava claramente dividida entre falcões e pombas*, ou a administração estava simplesmente confusa, sem nenhuma ideia real do que fazer. E havia a forte tentação de ignorar as ilusões de grandeza de Blair como meio de evitar uma análise de seus fracassos no país. Não há dúvida de que se pode dizer alguma coisa sobre todas essas interpretações. Mas precisamos examinar mais seriamente a significância do grande projeto de Bush e Blair.

Evidentemente, não há nada de novo no fato de os Estados Unidos recorrerem à ação militar para perseguir seus interesses imperiais e sustentar sua hegemonia econômica. Não é preciso lembrar que, desde a Segunda Guerra Mundial, o país se engajou em uma aventura militar depois da outra. Existe certo consenso entre alguns analistas de que os Estados Unidos têm sido uma potência global notavelmente relutante, pouco inclinada a usar sua força militar. Mas, apesar de certamente ser verdade que os Estados Unidos têm aversão a aceitar baixas entre suas próprias forças, isso não evitou intervenções militares regulares, incluindo não somente guerras importantes como na Coreia e no Vietnã, mas também incursões menores repetidas em outras partes do mundo, da América Central à África. Ainda assim, estava surgindo alguma coisa nova, especialmente desde o final da Guerra Fria. Se descontarmos a exagerada retórica hipócrita de George W. Bush e Tony Blair, ainda

---

[4] Ed Vulliamy, "Inside the Pentagon", *Observer*, Londres, 30 set. 2001.

* No original, "*hawks and doves*", expressão popular que remete respectivamente aos políticos que defendem uma política externa agressiva e aos que advogam por saídas diplomáticas em casos de conflito. (N. E.)

IMPÉRIO DO CAPITAL

sobra uma nova doutrina militar que, apesar de apresentar as alegações morais mais extravagantes, parte de séculos de discursos sobre a "guerra justa".

Essa tradição da guerra justa sempre foi notoriamente flexível e infinitamente capaz de se ajustar às variações de interesses das classes dominantes, absorvendo tudo, inclusive as aventuras imperiais mais agressivas e predatórias. Ao longo das mudanças de caráter da guerra e do imperialismo, as ideologias justificatórias conseguiram se manter dentro de certos limites conceituais e operar com alguns princípios básicos. Até mesmo as concepções "positivistas" do direito internacional, que não reconhecem princípios de justiça que emanem de alguma autoridade divina superior, aceitaram certos dogmas básicos associados à "guerra justa". A nova doutrina, apesar de invocar as tradições da guerra justa, pela primeira vez em séculos descobriu serem esses princípios insuficientemente flexíveis e, na verdade, os descartou. Assim como foram feitos ajustes anteriores relativos à mudança de contextos e requisitos, o rompimento atual também tem seu contexto histórico específico e indica necessidades imperiais particulares.

A doutrina da "guerra justa", ao longo de suas transformações, enuncia alguns requisitos essenciais para dar início ao combate: é necessário que haja uma causa justa; a guerra tem de ser declarada por uma autoridade adequada, com a intenção correta e depois de terem se exaurido outros recursos; deve haver uma chance razoável de se chegar ao resultado desejado; e os meios devem ser proporcionais a tal fim. Já encontramos maneiras inteligentes em que esses requisitos aparentemente rigorosos foram compatibilizados com as guerras mais agressivas de rivalidade comercial e expansão imperial. Esticada até o limite, a doutrina acabou se tornando efetivamente sem sentido – por Hugo Grócio, por exemplo, que descobriu um meio de justificar, entre outras coisas, o uso da força militar por companhias mercantis privadas. Mas a doutrina atual rompe de maneiras inteiramente novas com a tradição da teoria e prática militares europeias.

Toda guerra norte-americana alega uma causa justa, uma autoridade apropriada e intenções corretas, insistindo que não há outro meio. Tais alegações são, claro, mais que apenas discutíveis. Mas ao menos essas justificações das campanhas militares norte-americanas, por mais discutíveis que sejam, até então se mantiveram dentro dos limites dos argumentos da guerra justa. A ruptura ocorre mais claramente nas duas outras condições: que deve haver uma chance razoável de se chegar aos objetivos de qualquer ação militar e que os meios devem ser proporcionais.

Existem duas razões pelas quais a nova doutrina de guerra enunciada por Bush e Blair viola o primeiro desses dois princípios. Está claro, é desnecessário dizer, que nenhuma ação militar teria sido capaz de livrar o mundo dos "malfeitores" de Bush. Quanto a isso, não se pode esperar que a "guerra contra o terrorismo" tenha alguma chance de dar fim ao terrorismo. Para dizer o mínimo, existe uma chance maior de ela agravar a violência terrorista. Nem a ação militar, com ou sem medidas humanitárias, tem a capacidade de reordenar o mundo da maneira enunciada por Blair.

Mas está igualmente claro que a nova doutrina se afasta do princípio dos objetivos realizáveis de maneiras inconcebíveis a qualquer proponente anterior da doutrina da guerra justa. Esse princípio particular foi dirigido contra aventuras fúteis e autodestrutivas por parte de forças carentes dos meios de chegar aos seus objetivos e mais capazes de piorar suas próprias condições. O presente caso tem a ver com a força militar mais poderosa do mundo, a mais poderosa que o mundo já conheceu, que poderia esperar confiantemente conquistar qualquer objetivo militar razoável. Então, um novo princípio está sendo definido aqui: afinal, ele pode simplesmente estar afirmando que a ação militar pode ser justificada sem nenhuma esperança de alcançar seu objetivo, mas talvez seja mais exato dizer que uma ação militar não exige nenhum objetivo específico.

Esse princípio também afeta naturalmente o cálculo de meios e fins. Estamos acostumados a criticar os Estados Unidos e seus aliados por executarem ações cujos meios enormemente destrutivos não se ajustam aos seus fins. Mas podemos agora ser compelidos a descartar completamente o princípio da proporcionalidade – não apenas porque somos convidados a aceitar meios "desproporcionais", mas porque, na ausência de fins específicos, nenhum cálculo como esse é relevante. Existe um novo princípio de guerra *sem fim*, em propósito ou tempo.

A "guerra contra o terrorismo" não é o primeiro exemplo da nova doutrina. Ela certamente tem raízes na Guerra Fria. Mesmo a "guerra contra as drogas", na medida em que tem sem dúvida um componente militar (seja ela conduzida diretamente pelos Estados Unidos ou, com sua assistência, digamos, pelas forças colombianas), teve um pouco desse sabor. Mas outro passo importante no estabelecimento da nova doutrina foi a noção de "guerra humanitária". Foi certamente em relação a esse caso que as restrições da antiga guerra justa foram explicitamente abandonadas.

Já é bem conhecida a história de que, na disputa em torno da guerra nos Bálcãs, a ex-secretária de Estado Madeleine Albright, à época embaixadora na ONU, desafiou o secretário de Estado do governo Bush [entre 2001 e 2005], Colin Powell, então chefe do Estado-Maior, com relação às suas objeções à intervenção militar na Bósnia, justificadas pela chamada "Doutrina Powell", baseada na antiga tradição da guerra justa que exigia que a ação militar tivesse objetivos claros e finitos, meios adequados e estratégias de saída. "Qual o sentido de ter essa esplêndida força militar de que você sempre fala", Albright protestou irritada, "se não podemos usá-la?". O que Albright estava contestando não era uma doutrina oposta à ação militar. Powell, como militar, dificilmente estaria defendendo o pacifismo. Os dois se afastavam precisamente no ponto em que as doutrinas tradicionais da guerra justa exigem objetivos específicos finitos e realizáveis, bem como meios proporcionais.

Mas, se Madeleine Albright representa um marco no desenvolvimento da nova doutrina, ela já é o padrão usado pelas figuras políticas para se afastar da antiga. Quando Henry Kissinger defendeu o uso imprevisível da força militar, ele, tal como Albright, tinha em mente o uso da força para fins políticos muito mais difusos e amorfos do que a conquista de um objetivo militar específico, como fizeram outros durante a Guerra Fria. É verdade que ele não apreciava muito os argumentos a favor da guerra justa e estava em geral aberto aos princípios amorais aparentemente opostos da *raison d'État*. Mas outros líderes, para apoiar as mesmas políticas, não tiveram dificuldade em invocar a justiça da guerra. Como secretário

Império do capital

de Estado, o próprio Colin Powell foi desafiado por políticos não militares, como Donald Rumsfeld, Paul Wolfowitz e Dick Cheney, além de conselheiros de Bush, como Richard Perle, cujas opiniões são mais claramente antitéticas ao princípio dos fins e meios da guerra justa. O plano deles, "Operação Guerra Infinita", pede uma guerra irrestrita sem limites de tempo ou geográficos.

Na mesma época, o presidente Bush enunciou uma nova doutrina militar, que representava uma declaração ilimitada de guerra perpétua. Numa nova política de "intervenção defensiva", que rompia com a longa tradição das doutrinas de contenção e dissuasão, os Estados Unidos afirmavam o direito de executar grandes ataques preventivos, sempre e onde quer que desejassem, sem nenhuma razão claramente definida, e não apenas diante de alguma ameaça militar específica, mas simplesmente em antecipação de algum perigo futuro – ou mesmo de nenhuma ameaça. A administração Bush deixou evidente que a doutrina dos ataques preventivos inclui o uso de armas nucleares. Esse estado de guerra sem fim também é apoiado por um novo clima político e ideológico, que vai da erosão das liberdades civis até o desencorajamento, ou mesmo a supressão, das divergências[5].

Segundo Richard Perle, não existem "estágios" na "guerra contra o terrorismo":

> Trata-se de uma guerra total. Estamos lutando contra vários inimigos. Há muitos no mundo. Toda essa conversa de primeiro vamos mexer no Afeganistão, depois vamos mexer no Iraque, e então vamos ver como ficam as coisas, é a maneira inteiramente errada de ver o problema. [...] Se deixarmos avançar a nossa visão de mundo e a abraçarmos integralmente, e se não tentarmos acrescentar uma diplomacia inteligente, mas simplesmente lutarmos uma guerra total, [...] daqui a muitos anos nossos filhos vão cantar grandes canções sobre nós.[6]

Então é isto: guerra total e infinita – não necessariamente guerra contínua, mas uma guerra indefinida em termos de duração, objetivos, meios e alcance espacial.

Capitalismo universal

A nova ideologia da guerra sem fim responde às necessidades particulares do novo imperialismo. Esse imperialismo, que surgiu somente no século XX, ou até mesmo após a Segunda Guerra Mundial, pertence a um mundo capitalista. Pode parecer estranho situar esse mundo capitalista tão recentemente na história, e inclusive tão tarde no desenvolvimento do próprio capitalismo. Mas as últimas décadas se distinguiram pela *universalidade* do capitalismo, e mesmo quando a URSS ainda existia os imperativos capitalistas deixaram sua marca em todo o mundo. As teorias marxistas do imperialismo, como vimos no capítulo anterior, pertenceram a uma

---

[5] Um sintoma interessante desta última tendência é um documento intitulado "Defending Civilization: How Our Universities Are Failing America", que acusa de traição os críticos acadêmicos da "guerra contra o terrorismo". O documento, produzido pelo Conselho de Curadores e Ex-Alunos, uma organização fundada por, entre outros, Lynne Cheney, a esposa do vice-presidente, citava nomes de uma maneira reminiscente da infame era McCarthy. A sra. Cheney é também autora de um livro infantil, *America: A Patriotic Primer*, uma peça de propaganda chauvinista de A a Z.

[6] Richard Perle, citado em John Pilger, *The New Rulers of the World* (Londres, Verso, 2002), p. 9-10.

época diferente do imperialismo, em que não se podia admitir, nem sequer tão tarde no desenvolvimento do capitalismo, que este seria universal como é hoje.

Mas se os imperativos capitalistas hoje cobrem o mundo, eles não deslocaram o Estado territorial. Pelo contrário, quanto mais o capitalismo se torna universal, mais ele necessita de um sistema igualmente universal de Estados locais confiáveis. Contudo, assim como ainda não vimos uma teoria sistemática do imperialismo num mundo de capitalismo universal, não temos nenhuma teoria do imperialismo que compreenda adequadamente um mundo composto não de senhores imperiais e súditos coloniais, mas de um sistema internacional em que tanto os poderes imperiais quanto os subordinados são Estados mais ou menos soberanos.

É possível que ouçamos falar mais sobre o imperialismo hoje do que ouvimos durante um longo tempo, e as teorias de globalização como forma de imperialismo não andam em falta. Mas caracterizar a globalização da maneira convencional, como o declínio do Estado territorial, é perder o que talvez haja de mais original e distintivo no novo imperialismo: seu modo único de dominação econômica administrada por um sistema de Estados múltiplos. As especificidades desse modo imperialista só estão começando a emergir agora e, particularmente, o papel específico desempenhado pela força militar nesse novo contexto só agora está encontrando expressão numa ideologia sistemática de guerra.

Nos primeiros dias do imperialismo capitalista surgiu, de forma rudimentar, uma concepção de império não como conquista ou mesmo dominação militar e jurisdição política, mas como hegemonia puramente econômica. John Locke, como já vimos, refletiu melhor sobre essa nova concepção. Sua teoria da apropriação colonial passou ao largo da questão da jurisdição política ou do direito de um poder político de dominar outro; e em sua teoria da propriedade podemos observar o imperialismo se tornando uma relação diretamente econômica, mesmo que sua implementação e sustentação exijam uma força brutal. Esse tipo de relação poderia se justificar, ou ao menos assim parecia, não pelo direito de governar, nem mesmo pelo direito de apropriar terra desocupada ou sem uso, mas pelo direito – ou, na verdade, pela obrigação – de produzir valor de troca.

Antes que a hegemonia econômica do capital viesse a dominar o mundo, o capitalismo passou pela era clássica do imperialismo, com todas as suas rivalidades geopolíticas e militares. Essa era terminou há muito. O imperialismo capitalista se tornou quase inteiramente uma questão de dominação econômica, em que os imperativos de mercado, manipulados pelas potências capitalistas dominantes, são levados a fazer o trabalho que já não é feito pelos Estados imperiais nem pelos colonizadores. Mas agora estamos descobrindo que a universalidade dos imperativos capitalistas não removeu a necessidade de força militar. Na verdade, ocorre o contrário. O novo imperialismo não pode abrir mão, como o fazia a teoria de Locke da expropriação colonial, de uma teoria da guerra.

Mais uma vez, trata-se de uma característica essencial do imperialismo capitalista o fato de seu alcance econômico exceder em muito seu controle político e militar direto. Ele pode se valer dos imperativos econômicos "do mercado" para fazer grande parte de seu trabalho imperial. E isso o diferencia nitidamente das formas anteriores

IMPÉRIO DO CAPITAL

de imperialismo, que dependiam diretamente desses poderes extraeconômicos – fossem eles impérios territoriais, cujo alcance era limitado pelo alcance da capacidade dos seus poderes coercivos diretos para impor suas regras, ou impérios comerciais, cujas vantagens dependiam do domínio dos mares ou de outras rotas de comércio.

A imposição de imperativos econômicos pode ser um negócio muito sangrento. Mas, uma vez que as potências subordinadas se tornam vulneráveis a esses imperativos e às "leis" do mercado, o domínio direto pelos Estados imperiais deixa de ser necessário para impor a vontade do capital. Ainda assim, mais uma vez, encontramos o paradoxo de que, apesar de os imperativos de mercado poderem chegar além do poder de qualquer Estado, eles têm de ser impostos pelo poder extraeconômico. Nem a imposição nem a ordem social diária exigidas pela acumulação de capital e pelas operações do mercado podem ser atingidas sem a ajuda dos poderes administrativos e coercivos, muito mais local e territorialmente limitados que o alcance econômico do capital.

É por isso que, paradoxalmente, o império se tornou tanto mais puramente *econômico* quanto mais proliferou o Estado-nação. Não somente os poderes imperiais mas também os Estados subordinados se mostraram necessários para o domínio do capital global. Foi mesmo, como já vimos, uma importante estratégia do imperialismo capitalista criar Estados locais pra agirem como condutos para os imperativos capitalistas. A globalização também não transcendeu essa necessidade imperial de um sistema de Estados. O mundo "globalizado" é, mais do que nunca, um mundo de Estados-nação. O novo imperialismo – a que chamamos globalização precisamente por depender de uma hegemonia econômica de longo alcance, capaz de atingir muito além das fronteiras de qualquer Estado territorial ou dominação política – é uma forma de imperialismo mais dependente que qualquer outra de um sistema de Estados múltiplos.

IMPERIALISMO EXCEDENTE?

Somos informados de que a guerra sem fronteiras é uma resposta a um mundo sem fronteiras, no qual Estados-nação não são mais os principais jogadores e adversários não estatais e "terroristas" passaram a ser a grande ameaça. Esse argumento tem certa simetria atraente, mas não sobrevive a um exame cuidadoso. O perigo do terrorismo, mais que qualquer outra ameaça de força, resiste a uma oposição militar esmagadora – não apesar de, mas por causa da inexistência de Estado, e, de qualquer maneira, a "guerra contra o terrorismo" há de promover mais ataques terroristas do que evitá-los. A ameaça de inimigos não estatais é incapaz de explicar a concentração desproporcional de força militar dirigida a um objetivo não identificável. Pelo contrário, o "imperialismo excedente" faz sentido, por mais perverso e basicamente autodestrutivo que seja, somente como resposta ao sistema global de Estados e sua dinâmica contraditória.

O capital global necessita dos Estados locais. Mas, apesar de os governos que agem sob o comando do capital global serem talvez mais eficazes que os antigos colonizadores, que no passado levaram os imperativos capitalistas por todo o mundo, eles também geram grandes riscos. Em particular, estão sujeitos às suas próprias pressões internas e forças de oposição; e seus próprios poderes coercivos podem cair nas mãos erradas, contrárias à vontade do capital imperial. Neste mundo globalizado, onde se espera que o Estado-nação esteja morrendo, a ironia é que, dado que o novo imperialismo depende mais que nunca de um sistema de Estados múltiplos para manter a ordem global, é igualmente importante saber quais forças locais os governam e como.

Um perigo significativo, se não imediato, é que as lutas populares por Estados verdadeiramente democráticos, por uma transformação do equilíbrio das forças de classe no Estado, com solidariedade internacional entre essas lutas nacionais democráticas, podem apresentar um desafio jamais visto ao poder imperial. Num mundo em que as disparidades entre ricos e pobres não estão diminuindo, mas aumentando, essa possibilidade, por mais remota que possa parecer, nunca vai estar afastada da consciência imperial. O poder hegemônico imperial também não se esquece do desafeto e do sentimento antissistêmico crescentes gerados pela globalização neoliberal em todo o mundo, no Norte e no Sul[7]. O capital global, liderado pelos Estados Unidos, não pode receber bem nem mesmo o tipo de mudança eleitoral que, no momento em que este livro era finalizado, ocorria no Brasil.

Mas, com ou sem uma ameaça imediata e generalizada de "mudança de regime" na direção errada, os Estados Unidos trabalharam muito para manter um ambiente político no qual o capital "global" norte-americano possa se mover livremente. Portanto, o poder imperial vem agindo com regularidade para se assegurar contra todo risco de perder o controle sobre o sistema global de Estados. Por mais improvável ou distante que possa parecer essa perspectiva, os Estados Unidos estão prontos para antecipá-la exibindo sua vantagem mais inegável: seu esmagador poder militar – no mínimo porque podem fazê-lo mais ou menos impunemente.

Existem vários perigos completamente distintos capazes de ameaçar esse sistema global dominado pelos Estados Unidos, todos relacionados com o Estado. Um é a desordem engendrada pela *ausência* dos poderes estatais efetivos – como os hoje chamados Estados "fracassados" –, que colocam em perigo o ambiente estável e previsível de que o capital necessita. Outro é a ameaça dos Estados que operam fora da ordem mundial dominada pelos Estados Unidos, que Washington gosta de chamar de Estados "bandidos" (ou "o eixo do mal") e se distinguem dos Estados igualmente bandidos que permanecem na órbita dos Estados Unidos.

Mas um desafio ainda maior é representado não por esses casos marginais, mas por Estados e economias capazes de funcionar muito bem e ameaçar a supremacia norte-americana. Essas ameaças vêm não somente de possíveis concorrentes futuros, como a China ou a Rússia. Existem ameaças mais imediatas dentro da ordem capitalista, até mesmo no seu núcleo. A União Europeia, por exemplo, é um poder econômico potencialmente maior que os Estados Unidos.

Mas manter a hegemonia entre as principais potências capitalistas é uma questão muito mais complicada que conquistar a dominância geopolítica – ou mesmo

---

[7] Para uma excelente discussão breve da "crise de legitimidade", ver Walden Bello, "Drop Till We Shop?", uma resenha de *The Boom and the Bubble: The US in the World Economy* publicada em *The Nation*, Nova York, 21 out. 2002, especialmente p. 27-9.

Império do capital

um "equilíbrio de poder", como buscavam fazer os antigos Estados imperiais nos dias da tradicional rivalidade interimperialista. Já não se trata apenas de derrotar rivais. A guerra com grandes concorrentes capitalistas, apesar de nunca poder ser descartada, será provavelmente a causa da própria derrota, com a destruição não somente da competição, mas também simultaneamente de mercados e oportunidades de investimentos. A dominância imperial numa economia capitalista global exige um equilíbrio delicado e contraditório entre a supressão da concorrência e a manutenção, em economias concorrentes, das condições geradoras de mercados e lucros. Essa é uma das contradições mais fundamentais da nova ordem mundial.

As relações contraditórias entre os principais Estados capitalistas são bem ilustradas pelo desenvolvimento da Alemanha e do Japão depois da Segunda Guerra Mundial, assim como por suas relações com os antigos adversários. O sucesso econômico dos dois países, do ponto de vista dos Estados Unidos, foi inseparavelmente bom e mau, oferecendo mercados e capital, mas também ameaças competitivas. As relações entre as principais nações capitalistas mantiveram um equilíbrio instável entre competição e cooperação desde então, com o surgimento regular de desacordos significativos, mas sem a ameaça de guerra.

A hegemonia imperial no mundo do capitalismo global significa, então, controlar economias e Estados rivais sem precisar guerrear com eles. Ao mesmo tempo, a nova doutrina militar se baseia na premissa de que o poder militar é um instrumento indispensável para a manutenção do equilíbrio crítico, mesmo que sua aplicação no controle dos competidores mais importantes tenha de ser indireta. Isso é especialmente verdadeiro no momento em que outras economias crescem em relação à potência hegemônica. Certamente, a "única superpotência" não pode ter deixado de notar que, enquanto sua própria economia estava (ainda está?) em declínio, outras partes do mundo, principalmente a China, mantinham um crescimento sem precedentes na história[8]. O surgimento da União Europeia como superpotência econômica também definiu um prêmio especial à supremacia militar como o único indicador confiável da hegemonia dos Estados Unidos.

"Os europeus estão aprendendo", escreve o ex-editor de assuntos estrangeiros da revista *Newsweek* na respeitada publicação *Foreign Affairs*,

> o que os japoneses aprenderam na Guerra do Golfo Pérsico: enorme poder econômico oferece principalmente vantagem econômica. Durante a Guerra do Golfo, Tóquio provou, como ficou evidente, que não estava pronta para ser a Roma do "Século do Pacífico". E nesse agora crítico reino do poder duro [*hand power*], a Europa, tal como o Japão, demonstrou ser um "pigmeu" [...].[9]

Essa avaliação está presente numa crítica ao unilateralismo norte-americano, escrita na esperança de que a Europa se colocasse à altura do desafio. Mas a atual

---

[8] Sobre os contrastes entre o longo declínio econômico no Ocidente, especialmente nos Estados Unidos, e, ao mesmo tempo, crescimentos notáveis em outras partes – quando a China, por exemplo, tinha taxas de crescimento que faziam as do *boom* do pós-guerra no Ocidente parecerem pequenas –, ver Perry Anderson, "Confronting Defeat", um ensaio sobre a história do mundo contemporâneo de Eric Hobsbawm, na *London Review of Books*, 17 out. 2002, p. 12.

[9] Michael Hirsh, "Bush and the World", *Foreign Affairs*, Nova York, set.-out. 2002, p. 38.

doutrina militar dos Estados Unidos, de supremacia incontestável (e muito cara), foi claramente criada para desencorajar todo aumento independente de forças militares japonesas e europeias – não somente porque ela assegura a predominância norte-americana no "reino do poder duro", mas precisamente porque o "poder duro" tem seus próprios efeitos sobre a "alavancagem" econômica.

Os Estados Unidos estão preparados para incentivar até certo ponto o desenvolvimento das forças militares europeias, desde que sua natureza e seu uso possam ser confinados ao serviço de seus próprios objetivos – por exemplo, as forças europeias de manutenção da paz podem desempenhar um papel útil na limpeza da lambança deixada pela ação militar norte-americana, ou forças especializadas de diversos tipos podem ser mobilizadas na "guerra contra o terror". Mas estão tomando todo cuidado para evitar o surgimento de qualquer rival militar verdadeiramente independente na Europa. A estratégia preferida é manter as forças europeias no abraço seguro da Otan, onde podem, como descreveu o sagaz analista William Pfaff, ser a "legião estrangeira do Pentágono". "Uma força europeia modernizada para a Otan oferece sob dois aspectos um valor adicional a Washington", escreve Pfaff:

> Primeiro, ela poderia ocupar recursos e energias que de outro modo poderiam ser desviados para uma força independente de reação rápida da União Europeia. Segundo, seus sistemas e estruturas modernizados de armas poderiam ser integrados aos sistemas de comando, controle e comunicações norte-americanos, com o efeito adicional de que teriam de operar de forma degradada fora das operações Estados Unidos/Otan. Estas não são considerações de pouca importância aos olhos de alguns pensadores políticos falcões que consideram a Europa possivelmente o único rival, além da China, da predominância global norte-americana.[10]

Dito de outra forma, a principal função da Otan, agora mais do que nunca, tem menos a ver com forjar uma aliança contra os inimigos comuns do que com manter a hegemonia norte-americana sobre os amigos. Uma doutrina militar, então, está sendo desenvolvida nos Estados Unidos para tratar das contradições do capitalismo global. Seu primeiro pressuposto é que os Estados Unidos devem ter tamanho grau de supremacia militar que nenhum outro Estado, ou combinação de Estados, amigo ou inimigo, se sentirá tentado a contestá-la ou igualá-la. O objetivo dessa estratégia não é simplesmente dissuadir ataques, mas, acima de tudo, assegurar que nenhum outro governo aspire à dominância global – nem mesmo à regional.

A Doutrina Bush

Em 1992, o *New York Times* publicou um documento vazado, *Defense Planning Guidance* [Orientação para o planejamento de defesa], produzido pelo Pentágono. O autor era Paul Wolfowitz, que o escreveu para George Bush pai e se tornou

---

[10] William Pfaff, "A Foreign Legion for the Pentagon? NATO's 'Relevance'", *International Herald Tribune*, Nova York, 7 nov. 2002, p. 8.

IMPÉRIO DO CAPITAL

conselheiro de George W. Bush, ao passo que seu principal apoiador, no momento de sua publicação, foi Dick Cheney, que se tornou vice-presidente. A lógica desse documento é bastante tortuosa, mas seu significado é claro: o objetivo de manter a posição militar dos Estados Unidos, no Oriente Médio e em outras partes, tem menos a ver com, por exemplo, proteger o fornecimento de petróleo aos Estados Unidos do que com desencorajar "as nações industriais avançadas a desafiar nossa liderança". Em particular, potências aspirantes na Ásia e na Europa devem ser enfrentadas com uma dominância capaz de "dissuadir competidores potenciais até mesmo de aspirar a um maior papel regional ou global"[11]. O objetivo é o que foi chamado "dominância de amplo espectro", que se estende até o espaço.

Esse documento demonstra claramente que a guerra "total" defendida por Richard Perle não é apenas uma resposta ao 11 de Setembro. Pelo contrário, aquele evento trágico foi usado como pretexto para ativar uma agenda havia muito ativa. Até mesmo o menos hidrófobo dos falcões, Colin Powell, concorda com o objetivo de, como diz um analista, "dominação mundial unilateral", insistindo já em 1992 que os Estados Unidos devem ter poder suficiente "para dissuadir qualquer desafiante até de sonhar em nos desafiar no palco mundial"[12].

A doutrina esboçada em *Defense Planning Guidance* recebeu *status* oficial na nova *Estratégia de Segurança Nacional*, de George W. Bush, publicada em setembro de 2002. A Doutrina Bush exige o direito exclusivo e unilateral de ataque preventivo, a qualquer tempo, em qualquer lugar, sem as peias de nenhum acordo internacional, a fim de garantir que "nossas forças serão suficientemente fortes para dissuadir adversários potenciais de promover ampliação militar na esperança de ultrapassar ou igualar o poder dos Estados Unidos".

Desde que foi enunciado pela primeira vez, o objetivo dessa doutrina não escapou de diversos analistas, solidários e críticos. Ficou claro para eles que os alvos da estratégia militar podem não ser os óbvios e que a hegemonia sobre os principais competidores, inclusive amigos e aliados, foi um objetivo primordial. Escreve um analista:

> Não recebemos uma parcela tão grande do petróleo do Oriente Médio [...] e uma das razões por que estamos de certa forma assumindo o papel de polícia do Oriente Médio tem mais a ver com fazer o Japão e alguns outros países sentirem que seu fornecimento de petróleo está garantido [...] de forma que eles não tenham mais necessidade de criar uma grande potência, forças armadas e uma doutrina de segurança, e não tenhamos muitas grandes potências com interesses conflitantes enviando suas forças militares por todo o mundo.

Essa observação talvez subestime a importância do petróleo do Oriente Médio para os Estados Unidos, mas ela certamente não está enganada quanto ao seu interesse em desencorajar a independência militar dos competidores aliados. Dois outros comentadores chegaram mesmo a sugerir que a resolução de certos conflitos

---

[11]   Citado em Nick Cohen, "With a Friend like This...", *Observer*, Londres, 7 abr. 2002, p. 29.
[12]   Citado em Anatol Lieven, "The Push for War", *London Review of Books*, 3 out. 2002, p. 8.

no mundo não seria de interesse dos Estados Unidos por solapar a justificação de uma força militar maior e mais poderosa que todos os seus competidores juntos. "A melhor situação", por exemplo, "é o *status quo* na Coreia, que permite que as forças norte-americanas estacionem indefinidamente", ao passo que a reunificação da Coreia provavelmente encorajaria o Japão a se tornar militarmente autossuficiente com a saída dos soldados norte-americanos[13].

Já se tornou um consenso entre os críticos do governo Bush que essa estratégia representou uma importante ruptura com a política externa anterior dos Estados Unidos. Durante décadas após a Segunda Guerra Mundial, afirmou-se que aquela política estava baseada no "realismo", que pedia a contenção da União Soviética, e em uma espécie de "liberalismo", em que "abertura de comércio, democracia e relações institucionais multilaterais andavam juntas"[14]. Ainda assim, sem as continuidades entre aquela época e hoje, o aventureirismo irresponsável do governo Bush seria completamente inexplicável. Não se pode, é claro, desconsiderar as irracionalidades idiossincráticas ou as políticas extremistas das personalidades em torno de Bush, ou, de fato, seus interesses muito particulares na indústria petrolífera. Mas as bases da estratégia foram lançadas há muito tempo.

Não há dúvida de que o desprezo de Bush pelos acordos internacionais levou o unilateralismo norte-americano a novos extremos. Ainda assim, não houve nada de novo na convicção da equipe de Bush de que o principal objetivo da política externa norte-americana é estabelecer hegemonia sobre um sistema global de Estados mais ou menos soberanos, e que a esmagadora superioridade militar está no núcleo desse projeto. O lendário secretário de Estado da Guerra Fria, John Foster Dulles, já tinha muita clareza quanto a isso na década de 1950; e, apesar de a nova doutrina de ataques preventivos ser encarada, não sem certa razão, como um rompimento com as doutrinas anteriores de dissuasão, não há uma grande distância entre a "retaliação maciça [ou seja, desproporcional]" e a "retaliação preventiva" de Bush.

O que mudou não foram tanto os princípios básicos da doutrina militar norte-americana quanto as condições em que as forças armadas são obrigadas a operar. No período do pós-guerra, os Estados Unidos não estavam sujeitos a virtualmente nenhum desafio como potência econômica. Enquanto o longo *boom* era acompanhado de uma crescente supremacia militar, os Estados Unidos, apesar do desafio soviético, podiam se valer de sua dominância econômica para administrar o mundo capitalista – embora, mesmo então, envolver os rivais potenciais em alianças militares dominadas pelo país fosse essencial para sua estratégia econômica. Hoje, a dominância econômica norte-americana já está sujeita a desafios. Ao mesmo tempo, sua supremacia militar é agora tão maciça e ameaçadora que rivais aliados não têm incentivo para incorrer nos custos de tentar igualá-la. Nessa combinação de circunstâncias, não chega a ser surpreen-

---

[13] Walter Russell Mead, do Conselho de Relações Exteriores; e Christopher Layne e Benjamin Schwartz, no *Atlantic Monthly*, foram ambos citados pelo jornalista Nick Cohen, que também informa que o petróleo dos Estados Unidos vem em grande parte de outras regiões – Canadá, México, Venezuela e produtores no país, com a Rússia prometendo se transformar em grande fornecedor –, ao passo que apenas um quarto vem do Golfo Pérsico.

[14] G. John Ikenberry, "America's Imperial Ambition", *Foreign Affairs*, Nova York, set.-out., 2002, p. 47.

dente que os Estados Unidos estejam cada vez mais se valendo da força militar para consolidar sua hegemonia e as vantagens econômicas que vêm com ela – por exemplo, o controle do petróleo.

Administrações claramente mais benignas, como a de Bill Clinton, também não se afastaram muito dessa doutrina militar. Elas empurraram as fronteiras da guerra para mais longe, com sua noção da guerra "humanitária", que não está tão distante da afirmação de Dulles de que a simples dissuasão deveria ser substituída pela "libertação" ativa, numa política externa com "coração". É improvável que Clinton empurrasse essa estratégia até o extremo da Doutrina Bush, e provavelmente teria evitado o engajamento autodestrutivo que parecia atrair o governo Bush. Mas, se houve um rompimento entre as administrações anteriores do pós-guerra e o regime Bush, ela não está nos princípios básicos da hegemonia global e da supremacia militar dos Estados Unidos.

A Doutrina Bush foi, com certeza, uma manifestação claramente extrema da velha visão estratégica. Mas, autodestrutiva como foi, teve suas raízes nas vastas ambições imperiais que guiaram a política externa norte-americana desde a Segunda Guerra Mundial. Não é difícil ver como um projeto de hegemonia econômica global, combinado com um modo perigoso de administração imperial por meio de Estados múltiplos, poderá se mover inexoravelmente na direção antes tomada por Bush. Será apenas uma questão de tempo até que o mundo todo, e não apenas um inimigo comunista, passe a ser encarado como adversário potencial, exigindo uma dominância militar para enfrentar a ameaça. O fato de a atitude militar norte-americana ser contraproducente, gerando inevitavelmente hostilidade anti-imperial por todo o mundo, representa sem dúvida uma contradição no novo imperialismo. Mas os dois lados de tal contradição pertencem à lógica essencial desse sistema imperialista.

O desaparecimento da outra grande superpotência com o colapso da União Soviética alterou profundamente, desnecessário dizer, a ordem global. No mínimo, removeu o último obstáculo de realidade às ambições globais norte-americanas. Pode-se, é claro, argumentar que a remoção de seu principal adversário deveria ter moderado a compulsão de realizar uma supremacia global cada vez mais maciça e que é difícil entender de onde vem agora a motivação, quando os Estados Unidos já são tão claramente supremos. Mas a ausência da União Soviética tornou mais complicada a manutenção da hegemonia dos Estados Unidos sobre seus aliados. Em todo caso, a hiperdominância cria uma lógica e uma energia próprias. A supremacia global unilateral pode nunca ser atingida permanentemente. Ela significa mover as fronteiras da guerra para ainda mais longe do alcance dos possíveis desafiantes; e isso exige o revolucionamento constante dos meios de guerra – que então não poderão ser deixado sem teste nem sem uso.

Quem vai vigiar os vigilantes?

A mobilização das forcas militares norte-americanas, então, não tem objetivos simples e diretos. Ela desempenha um papel complexo na sustentação de um sistema de Estados submissos, e com ela vieram novos requisitos ideológicos. As antigas formas de imperialismo colonial exigiam a conquista completa de povos subjugados e a derrota militar de rivais recalcitrantes, além das teorias adequadas de guerra e paz. O antigo imperialismo capitalista, apesar de não depender menos da força coerciva para assumir o controle do território colonial, parecia capaz de abrir mão de uma defesa política da colonização e de incorporar a justificação da colônia numa teoria da propriedade. A globalização, o imperialismo econômico do capital levado à sua conclusão lógica, paradoxalmente exigiu uma nova doutrina de coerção extraeconômica, especificamente militar.

São óbvias as dificuldades práticas e doutrinárias postas pela nova situação. Se os Estados locais vão vigiar a economia, quem vai vigiar os vigilantes? Poder-se-ia, talvez, argumentar que a dominância econômica dos Estados Unidos é suficientemente poderosa para ganhar a obediência de qualquer oponente imaginável, sem a ameaça de guerra. Mas, mesmo deixando de lado o desafio econômico dos maiores competidores, o sistema de Estados múltiplos é imprevisível, e o poder militar é o último recurso. Se o objetivo for, de fato, a "dominação unilateral do mundo" nesse sistema global de Estados, nada abaixo da superioridade militar absoluta será suficiente para assegurar que a vontade do poder hegemônico não seja jamais frustrada. Embora a ameaça constante de uso da força contra todos possa afinal ser autoderrotadora, a potência hegemônica, uma vez engajada na dominação econômica global num mundo de Estados múltiplos, dificilmente contemplaria um curso de ação sem o uso proporcional do poder militar.

Ainda assim, não é fácil especificar o papel da força militar no estabelecimento e na defesa do controle imperial sobre uma economia global, em vez da soberania sobre um território claramente delimitado. É impossível que o poder de um único Estado, até mesmo à maciça força militar dos Estados Unidos, imponha-se diariamente, em toda parte, a todo o sistema global. Nenhuma força imaginável é capaz de impor a vontade do capital global o tempo todo sobre uma multidão de Estados subordinados, ou manter a ordem previsível exigida pelas transações diárias do capital. Na verdade, a força militar é um instrumento cego demais e completamente inadequado para oferecer as condições diárias legais e políticas de acumulação de capital. Portanto, o poder militar talvez tenha de ser mobilizado menos para alcançar objetivos específicos, contra alvos e adversários específicos, do que para dar a conhecer sua presença e afirmar sua supremacia incontestável.

Em todo caso, como nem mesmo o poder militar norte-americano pode estar ativo em toda parte ao mesmo tempo (ele nunca chegou a aspirar a mais de duas guerras locais de uma vez), a única opção é demonstrar, por exibições frequentes de força militar, que é capaz de chegar a qualquer parte, a qualquer hora, e produzir grandes danos. Isso não quer dizer que a guerra será constante – o que seria muito destrutivo para a ordem econômica. A "Operação Guerra Infinita" aparentemente pretende produzir algo mais parecido com o "estado de guerra" de Hobbes: "a natureza da guerra", escreve ele em *Leviatã**, "consiste não na luta real, mas na disposição conhecida para tanto durante todo o tempo em que não existe garantia

---

*   Ed. bras.: São Paulo, Ícone, 2008. (N. E.)

IMPÉRIO DO CAPITAL

do contrário". É dessa *possibilidade* da guerra sem fim que o capital tem necessidade para sustentar sua hegemonia sobre o sistema global de múltiplos Estados.

Isso também não significa necessariamente que os Estados Unidos vão fazer guerra sem nenhuma razão, apenas com o objetivo de se exibir. O controle das fontes de petróleo é hoje, como antes, uma motivação importante de aventuras imperiais. O ataque contra o Afeganistão foi lançado com um olho posto nas enormes reservas de petróleo e gás da Ásia Central. Embora o próprio Afeganistão não tenha evidentemente importância para os Estados Unidos, que parecem preparados para abandonar a "construção de uma nação" e deixar o país cair novamente no caos destrutivo, a guerra teve a vantagem de reforçar a presença militar na região. A tomada do petróleo no Iraque para beneficiar as companhias petrolíferas norte-americanas em detrimento das concorrentes e para consolidar a hegemonia pelo controle do petróleo é um caso bem mais difícil. Sentado sobre enormes reservas próprias, e com uma infraestrutura política e econômica, sem falar de suas forças militares, o Iraque não pode, como o Afeganistão, ser deixado sem controle. Sabemos agora que a opção preferencial do governo Bush era a ocupação pura e simples pelos Estados Unidos, sob comando militar e com controle direto do petróleo iraquiano – ao menos até que o controle fosse transferido para as mãos das companhias petrolíferas dominadas pelos Estados Unidos[15].

Ainda assim, independentemente dos objetivos que os Estados Unidos possam vir a ter, há sempre algo mais. Existe, é claro, a necessidade há muito estabelecida de sustentar o "complexo militar-industrial", que sempre foi fundamental para a economia norte-americana. Assim como a Guerra Fria em sua época, a nova guerra sem fim é vital para uma economia tão dependente da produção militar, da militarização da indústria aeroespacial e do comércio global de armas. Um estado de guerra sem fim pode servir também a muitos outros objetivos domésticos – como o fez a Guerra Fria. O clima de medo alimentado pelo governo Bush foi usado não somente para justificar programas militares e a erosão das liberdades civis, mas também um programa doméstico de longo alcance, que parecia inalcançável antes do 11 de Setembro. Mesmo a ameaça de guerra no Iraque foi programada para influenciar as eleições para o Congresso. Não há nada igual a um estado de guerra para consolidar a dominação interna, especialmente nos Estados Unidos.

Mas o objetivo maior do estado perpétuo de guerra vai além de tudo isso: moldar o ambiente político num sistema global de Estados múltiplos. Esse sistema complexo, que inclui não apenas Estados "maus" com "armas de destruição em massa", mas também competidores aliados e economias exploráveis, exige uma estratégia complexa e diversas funções militares.

Em alguns casos, o objeto da força militar é, de fato, o terror exemplar, *pour encourager les autres*, ou o que foi chamado de "efeito demonstração". Esse foi, de acordo com analistas de direita, como Charles Krauthammer, o principal objetivo da guerra no Afeganistão, inventada para espalhar o medo por toda a região e

---

[15] Planos para a ocupação norte-americana do Iraque vieram a público quando este livro estava sendo impresso pela primeira vez.

mais além. Em outros casos, pode haver intervenção direta para provocar uma "mudança de regime". No Oriente Médio, já estamos vendo algo como o retorno a um imperialismo anterior, com a intenção mais ou menos explícita de reestruturar ainda mais diretamente a região no interesse do capital norte-americano. O novo imperialismo pode estar, neste caso, fechando um círculo. Tal como os britânicos na Índia, quando o imperialismo comercial cedeu espaço para a dominação direta, os Estados Unidos podem estar descobrindo que o império cria seu próprio imperativo territorial.

Em outros casos ainda, especialmente nos Estados capitalistas avançados, o ambiente político é moldado de forma indireta. Assim como o estado de guerra é proposto para criar o clima político interno correto nos Estados Unidos, os aliados são atraídos para sua órbita hegemônica por sua implicação em pactos e alianças e por meio de uma supremacia militar tão assustadora e cara que outras potências econômicas não verão razão alguma para igualá-la[16]. Em todos os casos, o objetivo principal é demonstrar e consolidar a dominação norte-americana sobre o sistema de Estados múltiplos.

Esses objetivos ajudam a explicar por que os Estados Unidos brandem um poder militar tão desproporcional, por que desenvolveram um padrão de recurso à ação militar em situações inadequadas às soluções militares, por que a ação militar maciça é tudo menos um último recurso e por que a ligação entre meios e fins em suas aventuras militares é tipicamente tão tênue.

Essa guerra sem fim em propósito e tempo pertence a um império sem fim, sem fronteiras nem mesmo território. Ainda assim ele é um império que precisa ser administrado por instituições e poderes que têm de fato fronteiras territoriais. A consequência de uma economia globalizada foi o capital depender mais, e não menos, de um sistema de Estados locais para a administrarem, e Estados terem se tornado mais, e não menos, envolvidos na organização dos circuitos econômicos. Isso significa que a velha divisão capitalista do trabalho entre capital e Estado, entre o poder econômico e o político, foi rompida. Ao mesmo tempo, existe um abismo crescente entre o alcance econômico global do capital e os poderes locais de que ele necessita para sustentar-se – e a doutrina militar do regime Bush foi uma tentativa de cobrir essa lacuna.

Em seu esforço para resolver tais contradições, a Doutrina Bush representou certamente um perigo para todo o mundo, mas também atestou os riscos e as instabilidades de um império global que depende de muitos Estados locais, de uma economia global gerida por administrações locais e por Estados nacionais que são vulneráveis a desafios de lutas verdadeiramente democráticas. Na disparidade entre o poder econômico global e seus apoios políticos locais, existe com certeza um espaço crescente para oposição.

---

[16] Sobre as estratégias norte-americanas de dominação, ver Peter Gowan, *The Global Gamble: Washington's Faustian Bid for World Domination* (Londres, Verso, 1999). Ver também a Conferência Memorial Deutscher de Gowan, "American Global Government: Will it Work?", a ser publicada em *Socialist Register*. Gowan enfatiza as preocupações norte-americanas com o desafio representado pelas potências europeias ocidentais, principalmente a Alemanha.

Resposta aos críticos[1]*

É sempre intrigante, para não dizer desanimador, o fato de os críticos lhe atribuírem posições antitéticas com relação àquilo em que você acredita e que diz repetidas vezes. Existem alguns exemplos particularmente marcantes neste dossiê, ainda mais surpreendentes por ocorrer no contexto de críticas sérias e relativamente amáveis, embora severas[2]. David Harvey, por exemplo, atribui a mim uma abordagem "tipológica", distinta de uma análise dinâmica de processos e transformações, ao passo que Prasenjit Bose afirma que:

> Sua comparação histórica dos impérios, da Antiguidade aos tempos modernos, a fim de localizar alguma contradição fundamental comum, é bastante problemática porque os impérios, ao longo dos períodos históricos, apesar de apresentarem várias semelhanças, foram guiados por processos econômicos inteiramente diferentes.

No entanto, se me pedissem para caracterizar meu próprio trabalho, em *Império do capital* ou em qualquer outro lugar, eu diria, acima de tudo, que ele visa substituir a tipologia com ênfase no processo histórico – em particular para identificar as especificidades do capitalismo e as transformações sociais que ele promoveu, dando origem a dinâmicas bem distintas, em contraste com todos os outros processos e formas sociais, e produzindo novos tipos de imperialismo, precisamente, com "processos econômicos completamente diferentes".

---

[1]   Como faço com frequência, eu gostaria de agradecer a David McNally, George Comninel e Bob Brenner pelos comentários a um esboço anterior. Também sou muito grata a Hannes Lacher e Sébastien Rioux por suas sugestões incisivas, e a Patrick Camiller por seu afiado olho editorial em relação a estilo e conteúdo.

*   Tradução de "A Reply to Critics", texto incluído no dossiê sobre o livro *Império do capital* publicado na revista *Historical Materialism*, Faculdade de Direito e Ciências Sociais, Escola de Estudos Orientais e Africanos, Universidade de Londres, v. 15, n. 3, 2007, p. 143-70. (N. E.)

[2]   Um detalhe menor que aparece em alguns ensaios talvez exija esclarecimento: as pessoas parecem não ter notado as aspas em "imperialismo excedente" e o ponto de interrogação no título da seção. Não tenho muita certeza sobre o que os críticos pensaram que eu estava propondo ao escolher esse título, mas atribuem demasiada importância teórica ao uso um pouco improvisado que fiz daquele termo. Para mim, tratava-se simplesmente de um termo (sugerido, ironicamente, por Bob Brenner, em algum lugar ou talvez apenas em alguma conversa) que parece insinuar uma espécie de incompatibilidade entre os objetivos do imperialismo dos Estados Unidos e os maciços recursos militares que o país emprega para alcançá-los. Meu ponto de vista é que aquilo que pode parecer um "excedente" inexplicável (talvez no sentido de "excesso de exigências") não é realmente inexplicável nem mesmo uma incompatibilidade, mas uma relação contraditória enraizada nas contradições fundamentais do capitalismo global.

Então, como é possível que minhas intenções tenham sido tão mal-interpretadas? Eu poderia, é evidente, descartar essas deturpações como leituras descuidadas, mas a experiência sugere que, quando mal-entendidos são elementares, costuma haver algo mais sistemático no trabalho do que o descuido do leitor ou a falta de clareza do autor.

1. O QUE ACONTECEU COM A ESPECIFICIDADE DO CAPITALISMO?

O problema, penso eu, é que esses críticos veem minha argumentação através de uma lente distorcida. Vou caracterizar – de maneira provocativa – a distorção como falha no sentido de apreciar a especificidade do capitalismo, embora isso afete seus argumentos de diferentes maneiras. Deixem-me começar com Harvey. Para explicar sua crítica sobre minha abordagem "tipológica", ele compara minha argumentação com a de Giovanni Arrighi e me repreende por minha recusa a considerar Veneza e Gênova, ou até mesmo a Holanda, como capitalistas em algum sentido, ao passo que Arrighi considera a ascensão de Veneza e Gênova, e o posterior deslocamento da hegemonia para a Holanda, depois para a Grã-Bretanha e em seguida para os Estados Unidos como uma longa e contínua geografia histórica do capitalismo. Arrighi não nega as transformações internas que conduziram o capitalismo mercantil a suas formas industriais, embora, em sua opinião, algumas delas sejam um pouco mais suaves. Mas ele também observa o papel fundamental da financeirização como precedente das mudanças hegemônicas e expõe as transformações radicais na escala geográfica que acompanharam cada transição.

Harvey passa então a refletir sobre esses processos:

> O capitalismo surgiu dos excedentes amontoados por grupos localizados de comerciantes e mercadores que pilharam o resto do mundo à vontade a partir do século XVI (é o que Wood analisa, com tanta habilidade, como imperialismo da troca e do comércio). Mas a incapacidade de absorver esses excedentes de modo produtivo gerou a grande inflação europeia. As formas capitalistas agrárias e industriais que surgiram na Grã-Bretanha do século XVIII absorveram esses excedentes de maneira produtiva, com êxito, ao mesmo tempo que os aumentaram ao incorporar a produção do valor (mais uma vez como Wood descreve, ressaltando com muita correção a transformação que isso implicou para as relações sociais).*

O problema dessa argumentação é que ela não apresenta nenhuma concepção específica de capitalismo, nenhuma indicação de que o capitalismo é uma forma social historicamente específica, com uma lógica sistêmica própria, que a distingue de outras formas sociais. Isso também significa que a questão das origens é simplesmente evitada, como tem sido tantas vezes por aqueles que tomam como certo que o capitalismo é apenas um desenvolvimento quantitativo de práticas seculares de comércio. Reconheço que não há consenso sobre o significado do capitalismo ou de suas dinâmicas básicas. Mas dificilmente podemos começar a

---

* David Harrey, "In What Ways is the 'New Imperialism' Really New?", *Historical Materialism*, v. 15, n. 3, 2007, p. 61. (N. E.)

falar sobre a origem do capitalismo se não oferecermos nenhuma explicação sobre sua especificidade – o que o diferencia do não capitalismo –, ou como saber que passamos de um para outro, isto é, de uma lógica sistêmica não capitalista para um novo conjunto, capitalista, de "regras de reprodução".

Para mim, o capitalismo é um sistema em que ambos, apropriadores e produtores, estão sujeitos a certos imperativos – os imperativos capitalistas de competição, maximização do lucro e acumulação –, porque dependem do mercado. Os apropriadores já não têm acesso ao que Marx chamou de poderes "extraeconômicos" da apropriação, ao passo que os produtores diretos foram separados do acesso ao não mercado de suas condições de subsistência e, em particular, dos meios de produção. Sem essas condições fundamentais, nenhuma quantidade de comércio produzirá capitalismo. Existiram muitas sociedades com um sistema de comércio altamente desenvolvido e com comércio generalizado que não produziram nada parecido com uma dinâmica capitalista. Em outras palavras, não existe nenhuma incompatibilidade fundamental entre o comércio e as relações sociais não capitalistas, tampouco o comércio, por si só, mesmo generalizado, levou à transição para o capitalismo. Assim, se quisermos dizer algo útil sobre a origem do capitalismo, precisaremos afirmar alguma coisa sobre o surgimento de suas dinâmicas específicas e das relações sociais de propriedade que as colocam em movimento.

Não posso esperar que Harvey concorde com minha definição de capitalismo, mas penso ser justo supor algum tipo de definição que nos alerte para aquilo que deveríamos estar procurando, a fim de distinguir o capitalismo do não capitalismo ou de rastrear a transição de um para outro. O que me impressionou de imediato em relação às passagens que acabei de citar é que elas levantam a questão de maneira verdadeiramente fundamental (e estou usando "levantam a questão" em seu sentido técnico preciso, em referência à falácia lógica de assumir a mesma coisa que se propôs demonstrar). Os leitores da *Historical Materialism* que também seguiram o simpósio sobre o livro de Harvey devem ter notado que ele, aqui, confirma algo que eu disse naquela discussão, ou seja, que sua compreensão sobre a "acumulação primitiva" tem mais a ver com Adam Smith do que com Marx, no sentido de que o capitalismo, para ele, é apenas o produto da riqueza acumulada e não o resultado de uma transformação social peculiar, como Marx tinha em mente (nas passagens que citei, Harvey fala das transformações sociais, na melhor das hipóteses, como se fossem consequência em vez de causa). Na visão de Harvey, o processo histórico é em grande parte ilusório. Não vou repetir meu argumento contra a interpretação que ele faz de "acumulação primitiva", mas espero que os leitores notem que não há, nessa interpretação, nenhuma explicação sobre as origens do capitalismo e que não há nenhum processo de transformação histórica do não capitalismo para o capitalismo, pois Harvey dá o capitalismo mais ou menos como certo.

Ele parte da premissa de que o capitalismo é a riqueza acumulada de comerciantes e mercadores, e o fator essencial parece ser simplesmente a acumulação da riqueza por essas pessoas, o que se torna de algum modo decisivo quando se atinge algum tipo de massa crítica. Os problemas surgiram, sugere ele, porque essa riqueza não

IMPÉRIO DO CAPITAL

pôde ser absorvida de maneira produtiva, e assim as condições tiveram de mudar para permitir essa absorção, condições essas obtidas pelo capitalismo industrial.

Mas essa interpretação não é capaz de nos levar muito longe na explicação da origem do capitalismo ou das transformações sociais que ele causou porque parte do pressuposto que a riqueza acumulada por mercadores e comerciantes é capitalista *a priori* (ou ao menos protocapitalista ou, no mínimo, com tendência inevitável ao capitalismo). Não adianta contestar minha recusa em reconhecer, por exemplo, algum tipo de capitalismo em Gênova ou Veneza a menos que se explique com muito cuidado em que sentido elas são capitalistas, como suas "leis de movimento" econômicas ou "regras de reprodução" diferem das formas sociais não capitalistas, e o que as une com outros casos muito diferentes, como o precocemente moderno capitalismo inglês ou o capitalismo contemporâneo dos Estados Unidos, a despeito de todas as suas outras divergências. Eis algo que nem Harvey nem Arrighi fizeram.

Quando Harvey cita, aprovando-a, a observação de Arrighi sobre "o papel fundamental da financeirização como precedente de mudanças hegemônicas", entendemos realmente que o processo de "financeirização" em Gênova ou em Veneza é, em essência, o mesmo que o atual processo de condução do imperialismo norte-americano, com a única diferença de quantidade ou âmbito geográfico? É realmente possível imaginar que os bancos genoveses desempenharam a mesma função ou operaram de acordo com os mesmos imperativos e a mesma lógica dos bancos internacionais no capitalismo global de hoje? É suficiente dizer que a diferença reside apenas no tamanho e na organização das unidades políticas, sem levar em consideração as enormes divergências nas dinâmicas econômicas em operação nesses casos e as relações sociais que as determinam?

Quando insisto na especificidade do capitalismo e em como ele tem se diferenciado de outras formas sociais, Harvey pode querer chamar isso de "tipologia". Eu chamo de tentativa de explicar um processo histórico de mudança.

2. A NÃO HISTÓRIA DO CAPITALISMO, MAIS UMA VEZ

Para Harvey, uma vez que o "capitalista" é simplesmente alguém que coloca o dinheiro em circulação, a fim de se apropriar de mais dinheiro, o capitalismo não é senão mais do mesmo. A esse respeito, não há diferença entre o comerciante que obtém lucro na alienação – compra barato e vende caro – e o capitalista cujo lucro assume a forma de mais-valor. Na verdade, dinheiro gerando mais dinheiro, sem a mediação de mercadorias ou de serviços mercantilizados, seria o suficiente para que as práticas mais antigas da usura satisfizessem essa definição.

Arrighi nos oferece uma definição de capitalismo e de imperialismo capitalista em que a característica comum é uma forma de dominação baseada no controle do capital-dinheiro e do crédito[3]. Tudo, do caso genovês à ascendência norte-americana

---

[3]   Ostensivamente baseado na fórmula de Marx para explicar os circuitos do capital, Arrighi divide sua história econômica em duas fases distintas: a de "expansão material" (que ele define como D-M) e em seguida, depois que

contemporânea é, na opinião de Arrighi, capitalista, em função do papel desempenha-do em todos eles por financistas e comerciantes ricos – embora os agentes comerciais, bem como as formas de comércio com que se ocuparam, diferissem muito em todos esses casos. O problema é que parece não haver nenhuma diferença essencial entre o capitalismo e outras formas de comércio, e é difícil entender por que não se poderia dizer que algum tipo de capitalismo, ou protocapitalismo, existiu, ao menos de modo embrionário, na Roma antiga (como sugere Max Weber).

O capitalismo, nessa concepção, não tem lógica ou dinâmica definida que o diferencie com clareza das outras formas sociais. Em particular, os imperativos espe-cíficos da concorrência capitalista, suas regras típicas de reprodução – a necessidade de estratégias de maximização, a maximização do lucro e a necessidade constante de melhoria da produtividade no trabalho –, não são, aparentemente, essenciais para a definição do capitalismo. Elas não operavam, por exemplo, no caso genovês, no espanhol nem no português. Também não é de todo claro – tanto na argumentação de Arrighi como na de Harvey – por que e como esses novos imperativos surgiram, e não em Gênova ou na península ibérica, mas na Inglaterra, no momento em que a riqueza comercial era muito mais modesta lá do que no resto da Europa.

Arrighi sugere que a variável crítica na distinção entre os diferentes estágios de desenvolvimento capitalista tem a ver com os agentes políticos particulares da estratégia capitalista de controle – assim, há uma grande diferença, por exemplo, na dinâmica de um sistema em que uma cidade-Estado preside o controle do capital monetário e de crédito e na de um sistema imperial em que o agente principal é o Estado-nação. Mas esse argumento, sejam quais forem suas virtudes, nada nos diz sobre as relações sociais que constituem o capitalismo, as transformações sociais que as produziram ou a dinâmica específica que puseram em ação, uma dinâmica econômica fundamentalmente diferente de tudo o que existira antes.

Nós decerto não temos ideia de por quê, por exemplo, Marx se sentiu na obrigação de insistir que havia algo muito distintivo na verdadeira acumulação primitiva e na transformação das relações agrárias, na Inglaterra, que produziu efeitos bem dife-rentes em relação à acumulação de riqueza por comerciantes genoveses, espanhóis, portugueses, franceses ou mesmo holandeses. Ninguém pode negar que a origem do capitalismo pressupõe a preexistência de uma rede comercial (não capitalista). Mas está

---

esta se esgota, a fase da "expansão financeira" (M-D). Não há nada particularmente "capitalista" em nenhuma delas; mas, em todo caso, considerá-las etapas históricas em vez de "momentos" no circuito do capital distorce por completo o argumento de Marx. Alega-se que Arrighi perde de vista "a pergunta mais básica sobre o circuito D-D': de onde vêm os lucros senão da produção e da troca de mercadorias?" (Roberto Pollin, "Contemporary Economic Stagnation in World Historical Perspective", *New Left Review*, v. I, n. 219, set.-out. 1996, p. 115.) Mas nem mesmo a troca de mercadorias tem algo intrinsecamente capitalista, ainda que se realize como lucro. Usar dinheiro a fim de adquirir mercadorias para vender por mais dinheiro é prática milenar de lucro na alienação: comprar barato e vender caro. E a mesma lógica pode, no contexto das relações sociais não capitalistas, aplicar-se à produção de mercadorias para venda com lucro. A lógica do processo capitalista é algo bem diferente, como Marx deixou muito claro. Quanto a Harvey, embora às vezes ele invoque a fórmula D... M... D', parece satisfeito com uma definição de capital que não somente se limita ao lucro simples da alienação como também pode dispensar a mediação de mercadorias e tratar a simples e velha usura como a essência da apropriação capitalista. Não importa quão útil isso possa ser na condenação moral do capitalismo, nos diz muito pouco sobre como o sistema funciona de maneira distinta de outras formas sociais, e nada sobre como ele veio a existir.

Império do capital

claro, de acordo com Marx, que a questão essencial não é simplesmente a acumulação de riqueza suficiente para permitir o reinvestimento, tampouco a forma de controle político, mas sim as relações sociais de propriedade nas quais a apropriação ocorre.

Se o fator decisivo é a acumulação de riqueza comercial, por que a Inglaterra? Por que a transição inglesa para o capitalismo ocorre no momento em que a Inglaterra estava longe de ser o mais rico dos principais países europeus, ou mesmo o maior ou o mais forte, e possuía acumulações muito mais limitadas de riqueza comercial? O que explica a emergência do capitalismo agrário na Inglaterra antes – e, de fato, como condição – de sua supremacia comercial posterior? Se essa é principalmente uma questão de diferentes estratégias políticas de controle – em particular a substituição de cidades-Estados por Estados-nação –, por que não a Espanha ou a França? Tampouco está claro, nas explicações de Arrighi ou de Harvey, por que somente a Inglaterra foi poupada quando outras economias europeias atingiram seus limites na crise do século XVII, e como ela veio a ser a única economia em que uma transformação social produziu uma nova dinâmica que promoveu o crescimento autossustentado, ao contrário do que aconteceu com as outras economias. O capitalismo industrial foi o resultado e não a causa dessa transformação histórica.

Se o que queremos é uma compreensão do processo histórico do capitalismo, parece profundamente inútil reunir a formação característica do capitalismo – não importa se em sua forma agrária, comercial ou industrial – a economias comerciais em que nenhuma dinâmica comparável operava, e sem realmente explicar como passamos de uma para a outra, como se pudéssemos dar como certo que uma forma de comércio contém intrinsecamente outra e que não houve transformação a explicar. Longe de expor uma transformação histórica, isso apenas a conceitua.

3. Definindo capitalismo e imperialismo capitalista

Talvez este seja o momento de responder a uma objeção levantada por François Chesnais que diz respeito a minha definição de capitalismo. Numa exposição simpática de meu argumento que enfatiza (e, em essência, concorda com) o que tenho a dizer sobre a importância e a permanência do Estado na economia global de hoje, Chesnais discorda daquilo que entende como minha definição excessivamente restrita de capitalismo. Trata-se, afirma ele, de uma definição "quase exclusivamente orientada para as características particulares da relação de classes entre capitalistas e operários assalariados e a apropriação, pelos primeiros, do mais-valor, ou do excedente, por meio da produção industrial". Entretanto, Chesnais é incapaz de notar que o capitalismo se beneficia de outras formas de apropriação do excedente.

Deixem-me começar dizendo que essa interpretação de como defino o capitalismo está simplesmente errada. Os fatos nus, sozinhos, mostram com clareza que minha insistência na importância do capitalismo agrário desmente tal interpretação. Talvez também seja necessário lembrar que o trabalho pode produzir mais-valor para o capital não apenas na produção de bens materiais, mas também na prestação de serviços, e isso significa que, mesmo no capitalismo industrial, o trabalho "produtivo" não está necessariamente confinado à produção industrial.

Mas a questão é um pouco mais complicada. Em primeiro lugar, devo enfatizar novamente que, para mim, toda definição de capitalismo deve identificar a lógica específica de seu processo e os imperativos particulares que o distinguem de outras formas sociais. O fracasso em definir o capitalismo nesse sentido tende a produzir muita confusão e muitas associações equivocadas. Para começar, uma coisa é reconhecer os benefícios derivados do capital, em várias condições e em vários estágios de seu desenvolvimento, a partir de diversas formas de apropriação do excedente, exceto a extração de mais-valor. Outra bem diferente é descrever todas essas formas de exploração como capitalistas. Isso torna impossível, entre outras coisas, considerar como elas mesmas são afetadas pelas relações sociais e pelo modo de exploração específico que dão ao capitalismo sua dinâmica própria e seus imperativos característicos. Embora a escravidão, por exemplo, tenha sido rentável, integrada por algum tempo a uma economia capitalista (o que, por sinal, não significa que ela tenha sido necessária ao surgimento do capitalismo ou que o capitalismo não poderia se desenvolver sem isso), em economias capitalistas foi muito diferente da escravidão praticada nas antigas Grécia e Roma.

Também precisamos distinguir entre o surgimento original do capitalismo, que, está claro, não aboliu as relações sociais preexistentes de uma vez, e os casos em que um capitalismo já existente se espalhou pelos territórios dependentes e impôs seus imperativos sobre as relações sociais preexistentes, como tem acontecido no "terceiro mundo"[4]. Ambos os casos também diferem daqueles em que o capitalismo se espalhou por meio do desenvolvimento econômico conduzido pelo Estado, assim como as grandes potências não capitalistas reagiram a pressões comerciais e/ou geopolíticas e militares da primeira sociedade capitalista. Em cada um desses casos, o capitalismo convive ou interage com formas não capitalistas, mas de maneiras diferentes. Precisamos considerar com cautela se, ou quando, ao recorrer às formas não capitalistas de apropriação, o capital é impulsionado por imperativos essencialmente capitalistas e, de maneira alternativa, se, ou quando, formas não capitalistas de exploração significam a ausência ou o subdesenvolvimento de relações e imperativos capitalistas.

Se começarmos com a verdadeira "acumulação primitiva" de Marx, o ponto de viragem crítico para a emergência do capitalismo, com sua nova lógica de processo, foi o estabelecimento de novas relações agrárias na Inglaterra. O resultado foi um sistema de relações sociais de propriedade em que apropriadores e produtores dependiam do mercado para sua autorreprodução. Em vez de basear-se no que Marx chamou exploração "extraeconômica" – ou no que Bob Brenner denominou "propriedade politicamente constituída" (extração do excedente por coerção direta, como renda, imposto ou tributo, por meio de poder político e militar, de privilégio jurídico, de frutos de jurisdição etc.) –, proprietários ingleses passaram a fazer uso, cada vez com frequência maior, de modos puramente "econômicos" de apropriação, o que também significava que ambos, proprietários e não proprietários, vieram a depender da melhoria sistemática da produtividade no trabalho.

---

[4]   Essa questão tem sido motivo de alguma confusão nas discussões sobre a "articulação" dos modos de produção.

Isso aconteceu antes da proletarização em massa dos produtores diretos. Os não proprietários, embora ainda na posse da terra, foram submetidos de modo inédito às condições competitivas de produção. Eram livres para agir e, ao mesmo tempo, estavam obrigados a agir em resposta aos imperativos da competição, enquanto os proprietários contavam cada vez mais, para sua riqueza, não com os poderes ou privilégios extraeconômicos, mas com a vantagem puramente econômica – competitividade entre seus locatários e produção rentável. A consequência foi uma nova dinâmica de crescimento econômico autossustentável e o aumento da expropriação dos produtores não lucrativos.

É por causa dessa nova dinâmica que faz sentido falar em capitalismo agrário antes mesmo da proletarização em massa da força de trabalho; mas mesmo aqueles que preferem reservar o termo "capitalista" para a relação madura entre capital e trabalho assalariado devem ter em mente que a completa desapropriação de produtores diretos – o que criou um proletariado em massa – veio como resultado, não como causa, dessa nova dinâmica econômica. Ao mesmo tempo, é verdade que a dinâmica capitalista se estabeleceria plenamente apenas com a mercantilização completa da força de trabalho.

Uma vez que tenhamos caracterizado a nova lógica econômica do capitalismo, ainda poderemos reconhecer que o capital pode se beneficiar de modos de apropriação de excedente por meios, em essência, similares aos da exploração não capitalista. Mas continua sendo importante registrar as diferenças entre a exploração capitalista, com seus imperativos particulares, e outras formas de exploração. Também deve-se reconhecer como as relações capitalistas de propriedade afetaram a apropriação não capitalista mobilizada a serviço do capital.

Reconhecer tudo isso é fundamental não apenas para a compreensão de como o capitalismo opera, mas também para caracterizar as diferentes formas de imperialismo que ele tem criado. O imperialismo, como exploração de classe, pode assumir formas econômicas ou "extraeconômicas", e a apropriação imperial por meios extraeconômicos precisa ser diferenciada da dominação imperial imposta por meio de imperativos de mercado. Também é importante fazer a distinção entre os casos em que a apropriação extraeconômica responde às necessidades de um capitalismo bem desenvolvido e os casos em que a presença da apropriação não capitalista sinaliza ausência ou fraqueza de imperativos capitalistas.

Penso que Chesnais cria problemas para si mesmo ao misturar vários modos de apropriação do excedente como igualmente capitalistas, obscurecendo as diferenças entre eles. Isso o leva a tratar todos os estágios do imperialismo moderno como igualmente capitalistas, tanto hoje como no tempo de Lenin e Rosa Luxemburgo. O efeito é tornar difícil a explicação de onde estamos hoje e por quê. Se o início do século XX, como Lenin percebeu, já representava o capitalismo tardio, com contradições e imperativos capitalistas plenamente desenvolvidos, então como explicar as especificidades do capitalismo e do imperialismo capitalista no início do século XXI? Se na era "clássica" do imperialismo as grandes potências coloniais estavam envolvidas em rivalidades interimperialistas para dividir e redividir os territórios de um mundo em grande parte não capitalista, como compará-lo com o imperialismo capitalista de hoje, quando os conflitos entre potências capitalistas assumem uma forma muito diferente? E assim por diante.

Como meu tema central tem sido a especificidade do capitalismo e do imperialismo capitalista, tenho de admitir que eu estava – e até certo ponto ainda estou – encantada com a sugestão de Prasenjit Bose de que meu erro principal é procurar "localizar alguma contradição fundamental comum" entre os vários casos históricos que pesquiso. Bose nos informa que os "impérios, ao longo dos períodos históricos, apesar de apresentar várias semelhanças, foram conduzidos por processos econômicos completamente diferentes". Mas não é esse, precisamente, meu ponto? É evidente que a contradição que eu procurava não era apenas específica, mas única para o capitalismo, e que a relação particular entre forças "econômicas" e "extraeconômicas" de que falo só existe no capitalismo. A objeção de Bose parece particularmente estranha porque ele começa por concordar, aparentemente, com muito do que tenho a dizer sobre a especificidade do capitalismo e sua separação característica entre poder econômico e poder extraeconômico.

Então, por que Bose conclui que, no fim, procuro encaixar o capitalismo, com todas as suas especificidades, em um quadro conceitual que identifica uma contradição comum a todos os imperialismos e que isso me leva a perder o ponto sobre as especificidades do imperialismo contemporâneo? Deixem-me primeiro dar uma resposta curta para, em seguida, tentar explicá-la. Paradoxalmente, eu diria que, como Harvey, Bose está, a seu modo, omitindo a especificidade do capitalismo e, de maneira um pouco diferente daquela de Harvey e Arrighi, embora provavelmente relacionada, anda lendo o capitalismo para trás, na história pré-capitalista, confundindo as mudanças trazidas pelo surgimento do capitalismo com as mudanças dentro do capitalismo.

Considere-se, por exemplo, sua observação de que a "desconexão entre os momentos econômicos e políticos do capital" não parece ter surgido como uma contradição nas etapas históricas anteriores do capitalismo. "Os Estados-nação, sob o capitalismo", ele continua, "nasceram das necessidades do capitalismo e têm desempenhado historicamente um papel vital no processo de acumulação de capital, na expansão territorial e na dominação imperial". Essa afirmação é problemática desde o início. A questão entre nós não é saber se os Estados-nação têm servido, e continuam a servir, as necessidades do capitalismo. Concordo plenamente que o Estado é hoje indispensável para a acumulação do capital e que tenha desempenhado um papel crucial no início da ascensão do capitalismo. Essas proposições são fundamentais para meu argumento, como parecem ser para Bose. Tampouco discordo de que as contradições do capitalismo tardio ou do "novo" imperialismo são diferentes daquelas dos estágios iniciais do capitalismo. Mas, mesmo estando ambos de acordo de que o Estado tem servido ao capital nas fases anterior e posterior do imperialismo capitalista, a questão permanece: como o papel do Estado na apropriação capitalista difere de seu papel em formas não capitalistas?

Bose parece assumir que o imperialismo moderno (ou mesmo o Estado-nação?) é capitalista por definição – ou, ainda, que a pilhagem imperial não capitalista ou protocapitalista pura e simplesmente deu origem ao capitalismo ao criar uma massa crítica de riqueza, como na visão não marxista clássica de "acumulação primitiva". Mas essa abordagem torna impossível avaliar a relação entre o capitalismo e o imperialismo, ou considerar como o capitalismo (que surgiu na Inglaterra antes que ela fosse uma grande potência colonial) transformou o imperialismo ao impor imperativos totalmente novos.

Não estou bem certa de quais Estados-nação Bose pensa terem nascido fora do capitalismo e em resposta às suas necessidades, tampouco sobre seu ponto de vista acerca das conexões entre a acumulação de capital, a expansão territorial e a dominação imperial. Se estamos falando sobre o surgimento original dos Estados-nação, nunca houve um Estado que nascesse do capitalismo ou em resposta a suas necessidades. Certamente não, por exemplo, na França ou na Inglaterra, que passaram pelo processo de formação do Estado antes de sofrer uma transformação rumo às relações sociais capitalistas de propriedade. E tem havido muitos casos, não apenas nas etapas históricas iniciais, mas até mesmo na era moderna, em que a expansão territorial e a dominação imperial não foram impulsionadas pela acumulação de capital em nenhum sentido preciso do termo.

Não tenho dúvidas de que todas as formas de expansão territorial e de dominação imperial, ao longo da história, preocuparam-se, de um modo ou de outro, com a aquisição de riqueza, nem duvido de que o Estado tem sido fundamental para todas elas, mas a questão aqui é saber se, ou como, um imperialismo impelido pela acumulação capitalista difere de outras formas, ou quando e como a dominação imperialista passou a ser associada ao capitalismo como uma forma específica de aquisição. Ao menos parte da incompreensão de Bose a respeito de meus argumentos resulta da eliminação que ele opera das diferenças entre esses diversos casos e do fracasso em reconhecer os processos de transformação que produziram um imperialismo especificamente capitalista.

4. Capital global e Estados territoriais

Esse fracasso é ainda mais evidente na crítica de William Robinson. Na verdade, ele parece não ter nenhuma concepção clara do capitalismo e, quando identifica três problemas essenciais em *Império do capital*, cada crítica está viciada por esta notável ausência. Diz ele:

> Um desses problemas é sua demarcação entre imperialismo capitalista e não capitalista na era moderna. Em segundo lugar está sua recusa dogmática e de longa data em levar a sério o conceito de globalização. Em terceiro lugar, e intimamente relacionada, está sua insistência na análise da dinâmica global atual a partir de um quadro centrado no Estado-nação e uma reificação incessante do Estado.

Espero que, por ora, não seja necessário debruçar-me sobre os dois últimos pontos. Deveria ser óbvio que eu me recuso a "levar a sério" não o processo de globalização – se por isso se entende a transnacionalização dos mercados e do capital. Tampouco rejeito a ideia de que os Estados nacionais são obrigados a adaptar-se às exigências do capital transnacional, como Robinson sugere. Faço objeções, isso sim, a certas concepções convencionais de globalização, que envolvem hipóteses indefensáveis sobre a relação inversa entre uma economia globalizada e a importância do Estado territorial. Uma vez que as concepções convencionais de globalização implicam essas premissas, tenho às vezes preferido evitar o termo. Mas está bem claro que meu argumento, se certo ou errado, não versa sobre descartar a globalização do capital, nem sobre a "reificação" do Estado, mas sim sobre a dinâmica excepcionalmente complexa e contraditória da relação entre o Estado e a globalização.

Outra coisa deve, espero, também ser clara: quando eu argumentar que o capital global hoje precisa do Estado territorial mais do que nunca, ou que a forma política da globalização não é um Estado global mas um sistema de múltiplos Estados territoriais, não estou discutindo, como Robinson afirma, que o Estado-nação é "imanente ao desenvolvimento capitalista" e não "um resultado histórico". Com muita frequência, e até mesmo de maneira obsessiva, tenho feito um enorme esforço para insistir que o Estado-nação não é um produto do capitalismo, nem nasceu associado ao capitalismo. Tenho desafiado repetidamente as teorias que identificam o Estado-nação com o capitalismo, além de insistir na tese de que o capitalismo surgiu dentro de um sistema de Estado já existente e que sua configuração não foi determinada por relações sociais capitalistas de propriedade.

A associação entre capitalismo e Estado-nação é, sem dúvida, "histórica" em vez de "imanente", no sentido pretendido por Robinson. Na verdade, é "resultado histórico" num sentido ainda mais forte do que Robinson reconhece. Para ele, o sobe e desce do Estado territorial é mais ou menos uma resposta mecânica aos movimentos do capital. O Estado é, afinal, apenas o capital em seu aspecto político. Desse modo, assim como o capitalismo global deve significar, na opinião de Robinson, a transnacionalização do Estado, o Estado-nação parece ter se originado como resposta às exigências do capital – precisamente o tipo de argumento que tenho procurado desafiar. Como veremos mais adiante, Robinson lê o capitalismo, no início da história dos Estados-nação europeus, de tal modo que ignora por completo a dinâmica não capitalista do sistema interestatal muito tempo depois do que considera o ponto de viragem de desenvolvimento capitalista[5]. Um modo de descrever sua abordagem talvez seja sugerir que ele trata a relação entre Estado e capital como "imanente", mesmo que essa imanência varie em sua forma histórica. Mas, em todo caso, atrevo-me a dizer que levo a historicidade da relação entre capitalismo e Estado-nação muito mais a sério do que Robinson faz.

No entanto, afirmar que a associação entre capitalismo e Estado territorial é um "resultado histórico" não basta, pelo menos por três razões principais, que tenho enunciado com frequência. Primeiro, para resumir, a territorialidade e a soberania do Estado, ainda que não tenham sido criadas pelo capitalismo, foram, por assim dizer, aperfeiçoadas por ele. Somente a separação do político e do econômico permitiu um Estado soberano inequívoco, sem desafiar outras formas

---

[5] Para argumentos poderosos sobre a dinâmica pré-capitalista do sistema estatal, consultar Hannes Lacher, *Beyond Globalization* (Londres, Routledge, 2006), e Benno Teschke, *The Myth of 1648: Class, Geopolitics, and the Making of Modern International Relations* (Londres, Verso, 2003).

IMPÉRIO DO CAPITAL

de "propriedade politicamente constituída" e sem sobrepor jurisdição a elas. Em segundo lugar, e relacionado com o ponto anterior, apenas no capitalismo ainda é possível que as condições de apropriação sejam sustentadas e reforçadas pelos poderes "extraeconômicos" não coextensivos ao poder de apropriação – em outras palavras, ter a acumulação mundial protegida por Estados locais, sem um Estado global que lhes corresponda. Em terceiro lugar, como já argumentei muitas vezes (incluindo numa edição recente da *Historical Materialism*, em minha contribuição para o simpósio Harvey), essa ligação entre capital global e Estado territorial também criou contradições novas e profundas entre o capital e o Estado. No entanto, ao mesmo tempo, características fundamentais do capitalismo se reproduzem na fragmentação do espaço político e do desenvolvimento desigual, e se beneficiam disso, de modo que a associação atual do capitalismo com o Estado territorial – com todas as suas contradições – não é apenas uma relíquia histórica, mas ganha reforço na dinâmica essencial do capitalismo.

Como o último ponto requer elaboração, deixem-me resumir sucintamente os argumentos que já repeti muitas vezes. O capitalismo, para começar, é um sistema caótico, em que as classes apropriadoras não exercem diretamente a força "extraeconômica" que sustenta seus poderes econômicos de apropriação. No entanto, trata-se de um sistema que precisa, mais do que outras formas sociais, de estabilidade social, jurídica e administrativa, de previsibilidade e de regularidade, a fim de sustentar as condições rigorosas de acumulação de capital. O tipo de regulação minuciosa que o sistema requer tem sido fornecido pelo Estado territorial, e nenhuma forma de "governança global" ainda concebível pode fornecer a ordem jurídica e administrativa necessária ao dia a dia. Ao mesmo tempo, os processos de acumulação de capital e de integração global operam não para forjar laços globais, mas para reforçar as divisões.

Como escrevi há alguns anos (e tenho repetido de várias maneiras desde então),

> o desenvolvimento de uma sociedade global rudimentar é de longe o efeito contrário da integração capitalista: a formação de muitas economias desenvolvidas de modo desigual, com variados sistemas sociais fechados, presididos por muitos Estados-nação. E é provável que a situação se mantenha assim. As economias nacionais de sociedades capitalistas avançadas continuarão a competir umas com as outras, enquanto o "capital global" (sempre baseado em uma ou outra entidade nacional) continuará a lucrar com o desenvolvimento desigual, com a diferenciação de condições sociais entre as economias nacionais e com a preservação dos explorados regimes de trabalho de baixo custo que criaram o fosso crescente entre ricos e pobres, tão característico da "globalização".[6]

E, é claro, a preservação das fronteiras nacionais, a fim de controlar os movimentos do trabalho ao mesmo tempo que permitem a mobilidade do capital

---

[6]   Ellen Wood, *The Origin of Capitalism: A Longer View* (Londres, Verso, 2002), p. 180. Caso haja necessidade de ênfase, sempre que sublinho essas determinantes estruturais – tanto aqui como em outros lugares –, também ressalto a historicidade da relação entre o capital e o Estado territorial, argumentando não mais (e não menos) de que "até agora" o capital não encontrou melhor maneira de satisfazer suas necessidades características de que o Estado territorial, e é improvável que venha a fazê-lo no futuro previsível, por razões históricas não apenas contingenciais, mas também relacionadas com as condições de reprodução capitalista.

global. Não importa o que digamos sobre o papel do Estado no capitalismo global de hoje, fica claro que os Estados tornaram-se mais – e não menos – envolvidos na organização de circuitos econômicos, muitas vezes por meio de relações interestatais.

Isso não quer dizer que nenhuma outra forma política seja concebível no capitalismo, ao menos em princípio. Mas parece-me um grande erro tratar a conexão permanente entre o capital e o Estado territorial como nada além de uma relíquia histórica e negligenciar as pressões estruturais e sistêmicas inerentes ao capitalismo que têm reproduzido, e continuam a reproduzir, essa forma política e todas as contradições que a acompanham. Levar em conta a especificidade do capitalismo torna possível reconhecer as origens não capitalistas do Estado territorial e as formas específicas nas quais o capitalismo o reproduz. É isso que falta na crítica de Robinson. A incapacidade de apreciar os determinantes estruturais da relação permanente e contraditória do capital com o Estado territorial está associada a uma tendência a considerar que os movimentos do capital e do Estado inevitavelmente correrão em paralelo – de modo que a globalização de um seja acompanhada pela transnacionalização de outro. Mesmo que Robinson reconheça, a contragosto, a importância do Estado territorial, ele trata sua transnacionalização como algo muito simples, efetivamente automático, e com poucos indícios daquilo que é na verdade um processo profundamente contraditório.

Vou colocar desta maneira: se o político e o econômico estavam ligados na forma pré-capitalista, seria razoável supor que sempre avançariam em conjunto, de um modo ou de outro. Mas a separação capitalista significa que não podemos fazer tal suposição, e portanto a relação entre os processos de desenvolvimento econômico e político no capitalismo é peculiarmente problemática. Isso não significa, obviamente, negar a relação entre o capital e o Estado. Mas significa que precisamos reconhecer que essa relação é complexa e contraditória de um modo único. Pessoas como Robinson parecem pensar *a priori* que os dois processos são conjugados e que o ônus da prova recai sobre o outro lado. Mas, se começarmos por reconhecer que política e economia são separadas no capitalismo de maneira característica, o ônus da prova cabe a Robinson *et al.* Eles têm de demonstrar e explicar as conexões de maneira muito mais convincente do que já fizeram.

Tal como está, a concepção de uma classe capitalista e de um aparelho de Estado transnacionais deve mais à suposição *a priori* sobre o desenvolvimento paralelo do capital e do Estado do que toda demonstração convincente de como isso funciona na prática, ou como o capital transcende as contradições nas suas relações com o Estado e entre capitais ou na reprodução do capital por meio de um desenvolvimento desigual. A posição de Robinson sobre a "harmonização" das relações entre os capitalismos nacionais e sobre a resolução de suas contradições no "reino transnacional", é sustentada não pela exploração das contradições do capitalismo, e sim por fugir delas[7].

---

[7] Para uma crítica incisiva a argumentos como os de Robinson, ver Hannes Lacher, *Beyond Globalization*, cit., em especial o capítulo 8, no qual ele trata especificamente de Robinson (p. 158-62). Também estou em dívida para com Sébastien Rioux, por sua crítica esclarecedora a Robinson num *paper* de um seminário de pós-graduação.

IMPÉRIO DO CAPITAL

Essa evasão é, por assim dizer, "imanente" no argumento de Robinson, porque ele parte da premissa não examinada de que não há nada específico no capitalismo e na lógica de seu processo. Estranhamente me acusa de não me

> ocupar com os debates de longa data sobre a transição para o capitalismo, mesmo que eles tenham uma relação direta com nossa compreensão sobre o imperialismo; e isso pareceria essencial para a proposição de um imperialismo capitalista e não capitalista/ pré-capitalista na era moderna.

Isso me soa muito estranho, pois grande parte dos meus textos ao longo dos anos tem versado precisamente sobre a transição para o capitalismo e sobre os debates relativos ao assunto; e *Império do capital* é uma tentativa de construir esse trabalho, juntamente com tudo o que ele me ensinou sobre as especificidades do capitalismo. Mas deixemos a autodefesa de lado e olhemos para onde Robinson vai. Argumenta ele:

> Se o capitalismo é singularmente definido, como o é para Wood, como uma relação de produção que só surgiu de modo pleno na zona rural inglesa ao longo dos últimos dois séculos e depois se espalhou para outras regiões, então, por definição, o imperialismo capitalista é um fenômeno recente. Mas se é um sistema mais amplo, cuja gênese ocorreu no início da conquista, da pilhagem e do comércio militarizado, e no qual a transformação do campo inglês foi mais do que o momento culminante de uma transição inicial, então o moderno imperialismo mundial é um imperialismo do sistema capitalista, que abrange toda a época moderna da conquista e do colonialismo.

O próprio Robinson, em outro lugar de sua obra, descreveu a ascensão do capitalismo como um fenômeno que tomou toda a Europa e que começou há cerca de meio milênio, mais ou menos com a conquista da América Latina. Esse é o tipo de argumento que eu e outros (notadamente, é claro, Robert Brenner) temos desafiado, não porque deixamos de reconhecer que o capitalismo, na Inglaterra, surgiu no contexto de uma rede comercial, geopolítica e militar mais ampla, na Europa e mais além – o que é autoevidente –, mas sim porque essa é uma petição de princípio. Depende inteiramente de evitar as especificidades do capitalismo e de conceituar a necessidade de explicar suas origens, de modo que o argumento se apropria da coisa mesma que precisa ser explicada.

Não tenho nada contra considerar o ano de 1492, de um modo ou de outro, relevante para o desenvolvimento do capitalismo. Podemos ir ainda mais longe. O feudalismo, afinal, também é relevante para o desenvolvimento do capitalismo. Na verdade, estou muito feliz em fazer recuar as fronteiras da investigação histórica, em particular para traçar, até suas fontes, os muitos fatores relevantes para a ascensão do capitalismo – eu, felizmente, já voltei até mesmo à Antiguidade greco-romana para acompanhar certos desenvolvimentos peculiares das formas de propriedade ocidentais e dos processos de formação do Estado. Mas, mesmo que eu queira argumentar que alguns desses desenvolvimentos foram de algum modo relevantes para o surgimento posterior do capitalismo, isso não significa que a Antiguidade greco-romana era capitalista, ou que o capitalismo seguiu, inevitavelmente, suas formas de propriedade e de Estado. Tampouco significa que o feudalismo europeu, inevitavelmente, deu origem ao capitalismo. Ainda precisamos identificar o que distingue o capitalismo e suas regras específicas de reprodução dos outros sistemas de relações sociais de propriedade. E, uma vez que tenhamos feito isso, seremos obrigados a elaborar perguntas sobre questões históricas reais – sobre como, por que e onde a transformação teve lugar para trazer à tona essas relações sociais de propriedade e colocar em marcha uma dinâmica histórica nova e sem precedentes. O capitalismo inglês e, digamos, o absolutismo francês podem ter tido ancestrais comuns e haver interagido em um espaço histórico comum. Mas isso nos diz muito pouco sobre como e por que o feudalismo inglês foi transformado em capitalismo, ao contrário do que aconteceu com o absolutismo francês.

É difícil imaginar um argumento mais circular e anti-histórico do que o de Robinson. Sim, claro, nossa definição de imperialismo capitalista depende de como definimos o capitalismo. Não posso contestar isso, uma vez que meu caso baseia-se exatamente nessa proposição. Mas, então, precisamos de uma definição de capitalismo. Precisamos saber como o capitalismo se distingue do não capitalismo, por definição e na prática. E então precisamos, de maneira séria e sistemática, considerar os processos históricos de transformação. Não podemos simplesmente fugir da necessidade de uma resposta ao não fazer a pergunta. Não podemos proceder como se a ausência de uma definição, ou a ausência de tentativas de caracterizar o modo específico de operação do capitalismo, equivalesse a uma refutação de toda interpretação que delineie suas especificidades. É exatamente assim que Robinson age – inclusive, por exemplo, quando se opõe à minha visão sobre o Império Britânico na Índia. Em vez de se ocupar com as complexidades e contradições de um sistema imperial em que os modos não capitalista e capitalista de apropriação operavam, com regras diferentes de reprodução e em complexa interação um com o outro, ele simplesmente rejeita meus argumentos, mais ou menos por definição (ou, para ser mais exata, por não definição): o Império Britânico na Índia deve ter sido inequivocamente capitalista porque a Europa e seus impérios eram capitalistas há muito tempo.

Procurei demonstrar, aqui e em outros lugares, que muito do que se passa na análise do capitalismo e do imperialismo capitalista repousa na prevenção do pesquisador a respeito das questões sobre a especificidade do capitalismo como forma histórica. Tenho sido meticulosa em meus esforços para definir o capitalismo, para identificar suas dinâmicas específicas, para explicar como suas "regras de reprodução" e sua "lógica de processo" diferem de outras relações sociais de propriedade e para identificar as novas formas de dominação que o capitalismo torna possível – e tenho tentado explorar seu desenvolvimento histórico. Foi sobre essa base que construí minha argumentação a respeito das particularidades do imperialismo capitalista. Se Robinson quer levantar questões acerca de minha definição ou de minhas explicações históricas sobre a origem do capitalismo, sobre as relações sociais capitalistas de propriedade, sobre a dominação e o imperialismo capitalistas, desnecessário dizer, é um direito dele. Mas, até agora, não consegui encontrar razão para dar-lhe uma resposta.

5. Mudanças dentro do capitalismo

Alguns anos atrás, quando eu escrevia sobre as concepções de modernidade e de pós-modernidade, tive a oportunidade de conhecer um importante trabalho de Harvey sobre esse assunto. Sugeri, então, que a periodização do capitalismo feita por ele tinha algo importante em comum com as "não explicações" tradicionais do capitalismo e de seu surgimento, que assumiram sua existência prévia a fim de explicar como ele passou a existir – como se fosse o produto natural de processos trans-históricos, em particular os aparentemente inevitáveis processos de progresso tecnológico e de expansão comercial. Pareceu-me, então, que a ideia de pós-modernidade elaborada por Harvey pertencia a uma visão da história segundo a qual as rupturas dentro do capitalismo – em particular, a ruptura entre modernidade e pós-modernidade, que, aparentemente, ocorreu por volta de 1972 – pareciam muito maiores do que a ruptura entre o capitalismo e as formas sociais não capitalistas que o precederam. Na verdade, na explicação de Harvey não havia transformação social óbvia que produzisse o capitalismo fora de algo distintivamente não capitalista, e nada tão dramático como a passagem da modernidade para a pós-modernidade[8]. Em outras palavras, essa explicação não apenas deixava de lado a necessidade de explicar o surgimento do capitalismo como também tendia a obscurecer sua especificidade e a de suas "leis de movimento" fundamentais. Isso teve o efeito aparentemente paradoxal de também tornar mais difícil o entendimento das mudanças dentro do capitalismo.

A meu ver, é essencial explorar as constantes mudanças do sistema capitalista, mas isso não pode ser feito sem antes deixar claro o que o capitalismo é. Qual é a lógica subjacente e constante que leva uma sociedade capitalista a sofrer essa mudança contínua, que condições essenciais determinam a operação dessa lógica distintiva e como ela veio a existir? Sem responder a perguntas como essas não podemos dar uma explicação clara nem da origem do capitalismo nem das mudanças que ocorrem dentro dele.

O fracasso em dar uma explicação adequada sobre as especificidades do capitalismo obriga os teóricos do imperialismo atual a dar um peso muito grande ao esclarecimento das mudanças no interior do capitalismo, ao mesmo tempo que nos privam de meios claros para caracterizar e explicar tais mudanças. Alguns, por exemplo, atribuem as mudanças drásticas a novas capacidades tecnológicas – em especial a tecnologia da informação. Costumávamos ouvir muita coisa, por exemplo, acerca do pós-fordismo ou da passagem do fordismo para a "acumulação flexível" (não menos importante, segundo David Harvey). Pareceu-me, à época, que havia algum erro sério na maneira como essas mudanças eram explicadas quando tratadas como movimentos inovadores maiores dentro da lógica do capitalismo. Escrevi certa vez que

---

[8]   Talvez eu devesse salientar que introduzir a revolução burguesa na explicação, como as interpretações marxistas fazem tradicionalmente, não é o mesmo que reconhecer uma ruptura histórica na transição para o capitalismo. As concepções de revolução burguesa têm evitado a questão da transformação social na origem do capitalismo simplesmente ao assumir, sem explicação, a existência prévia de forças capitalistas, que então se dedicam à luta revolucionária para quebrar os grilhões que impedem seu livre desenvolvimento.

O velho fordismo usou a linha de montagem como forma de substituir os artesãos especializados de alto custo e para estreitar o controle do processo de trabalho pelo capital, com o objetivo óbvio de extrair mais valor do trabalho. Hoje em dia, as novas tecnologias são utilizadas para os mesmos fins: para tornar a montagem dos produtos fácil e barata (de que outro modo, por exemplo, a terceirização seria possível?), para controlar o processo de trabalho, para eliminar ou combinar várias especialidades nos setores de produção e de serviços, para substituir trabalhadores com salários altos por outros, com salários baixos, para "reduzir o número" de trabalhadores – para outra vez extrair mais valor do trabalho. O que é novo na chamada nova economia não diz respeito a que as novas tecnologias representem um tipo único de inovação. Ao contrário, elas simplesmente permitem que a lógica da velha economia de produção em massa seja diversificada e alargada. Agora, a velha lógica pode alcançar novos setores inteiros e afetar grupos de trabalhadores que até esse momento se mantêm mais ou menos intactos. Para ver esses acontecimentos como uma grande ruptura inovadora precisamos nos concentrar na lógica mais ou menos autônoma da tecnologia, a do processo de trabalho ou a do *marketing*. Minha ênfase é a lógica do capitalismo, não uma tecnologia particular ou um processo de trabalho e sim a lógica das relações sociais específicas de propriedade. É evidente que tem havido mudanças tecnológicas constantes e mudanças nas estratégias de *marketing*. Elas, porém, não constituem uma grande inovação nas leis de movimento do capitalismo.[9]

Algo análogo pode ser dito das teorias que procuram explicar demais invocando a financeirização do capital (normalmente em conjunto com as novas tecnologias ou por elas habilitada). Para começar, argumentos sobre financeirização podem ser muito enganadores porque o papel do capital financeiro tem sido, durante muito tempo, um fator importante na economia capitalista (como fica claro na análise de Lenin sobre o estágio "superior" do capitalismo no início do século XX), ao passo que as diferenças entre o capitalismo e as finanças pré-capitalistas são muito mais substanciais do que as diferenças entre uma fase do capitalismo e outra. Nas atuais teorias da financeirização, finanças são finanças são finanças – embora às vezes haja mais do mesmo. As relações sociais de propriedade dominantes parecem não fazer diferença na determinação de como a riqueza financeira opera, as condições em que circula ou a que imperativos responde.

Voltarei às finanças. Primeiro devo salientar que, quando me oponho ao peso explicativo colocado por alguns teóricos em estágios interiores ao capitalismo, meu ponto não é o de que o capitalismo não sofre nenhuma mudança. Ao contrário, suas leis de movimento implicam mudanças constantes. Mas parece-me enganoso ao extremo tratá-las como algo maior do que as transformações que fizeram surgir a lógica específica do capitalismo e, ao mesmo tempo, paradoxalmente, privar-nos dos meios de diferenciar com clareza as fases de capitalismo – de modo que, por exemplo, perdemos nossa capacidade de explicar com alguma clareza a diferença

---

[9] Ellen Wood, "Modernity, Postmodernity, or Capitalism?", *Review of International Political Economy*, 2º sem. 1997, v. 4, n. 3.

Império do capital

entre o estágio "superior" do capitalismo de Lenin e o "novo" imperialismo de hoje. Se obscurecermos a natureza da lógica capitalista, poderemos falar dos estágios do capitalismo até cansar, mas não vamos dar uma explicação adequada sobre as mudanças envolvidas. Seremos incapazes de explicar as mudanças que representam não uma nova dinâmica dentro de um capitalismo já desenvolvido, mas sim a dinâmica capitalista que se diferencia das formas não capitalistas e que finalmente é bem-sucedida em seus próprios termos– com todas as suas contradições internas e o decréscimo persistente de rotas de fuga externas.

Minha própria argumentação sugere que o capitalismo surgiu no processo de transformações sociais internas das relações entre as classes agrárias, e então – em um longo processo de desenvolvimento, e em um contexto internacional de relações comerciais, geopolíticas e militares – produziu sua própria forma específica de imperialismo. Houve uma interação complexa entre o capitalismo, com seus próprios imperativos específicos, e as exigências comerciais, geopolíticas e militares dos Estados não capitalistas que procuro esboçar em meu livro. A era do imperialismo "clássico" não foi dirigida de modo inequívoco pela lógica capitalista, e tornou-se complexa por uma confluência de relações sociais capitalistas e modos não capitalistas de apropriação do excedente.

Sugiro também – e esse é um ponto um pouco diferente – que até mesmo Estados capitalistas, no século XX, não foram capazes de mobilizar imperativos econômicos fortes ou expressivos o bastante para dominar o mundo colonial e continuaram a depender, em grande medida, de modos de dominação "extraeconômica" não fundamentalmente diferentes das formas pré-capitalistas. O Império Britânico na Índia é um caso dramático. A Grã-Bretanha teve uma economia capitalista – na verdade, o capitalismo mais desenvolvido do mundo; mas mesmo aí um império comercial deu lugar a uma ditadura militar de extração de tributos.

No entanto, o capitalismo criou seu próprio modo de dominação econômica (ou seja, dominação não apenas por meio de coerção extraeconômica, mas pela imposição da dependência do mercado), que continuou a crescer e gradualmente ultrapassou as formas não capitalistas. Como a economia capitalista desenvolveu-se especialmente nos Estados Unidos, esse modo de dominação enfim obteve êxito no século XX, em particular após a Segunda Guerra Mundial, criando um novo mundo imperialista cuja dinâmica ainda tentamos entender.

6. "Financeirização"

A noção de "financeirização" ilustra bem os problemas em muitas das explicações sobre o novo imperialismo. David Harvey, como vimos, adota uma concepção que não faz distinções essenciais entre a atual economia capitalista global e o antigo império comercial de Gênova ou de Veneza. Ao mesmo tempo, ele descreveu a financeirização como estratégia adotada pelos Estados Unidos na década de 1970 a fim de fortalecer o poder das finanças em lugar de reforçar a indústria e o capital produtivo, e isso num momento em que o domínio da produção do país declinava, transferido para outro lugar, enquanto seu poder financeiro mantinha-se forte. Certamente concordo com Harvey sobre a importância de compreender a resposta dos Estados Unidos, na década de 1970 e depois dela, diante da crise global no fim do longo *boom* do pós-guerra. Não há muitas dúvidas de que os Estados Unidos usaram seu controle sem precedentes sobre recursos financeiros e comerciais para postergar o dia do julgamento de seu capital doméstico, pois seu domínio da produção havia dado lugar a economias concorrentes. Mas precisamos ter muita certeza de não confundir esse processo de "financeirização" com algo que ele não é.

A definição de Harvey não implica necessariamente que o capital financeiro, com sua lógica específica, diferente de outras formas capitalistas, de algum modo tenha substituído o capital produtivo na economia capitalista como um todo. Na verdade, o trabalho de Harvey muitas vezes enfatizou o papel do capital financeiro na promoção da produção. Mas a identificação da "financeirização" do capitalismo tardio com práticas comerciais primitivas tende a sugerir a separação completa entre finanças e produção, e pode ser vista como apoiadora das atuais concepções de financeirização que defendem a separação entre capital financeiro e capital produtivo. A explicação empírica de Harvey sobre o processo parece evitar esse tipo de derrapagem, mas não estou certa de que seu aparato teórico fornece alguma proteção contra isso. Dada sua concepção de capitalismo, podemos, mais uma vez, imaginar com facilidade um "capitalismo" contemporâneo sem nenhum dos imperativos da produção competitiva e impulsionado por requisitos fundamentalmente não muito diferentes do lucro sobre a alienação ou de práticas usurárias antigas. Podemos pensar num tipo de capital financeiro que seja a mais alta forma de lucro não mediado pela produção ou pela prestação de serviços – nem mesmo o processo de comprar barato e vender caro, mas simplesmente uma versão atualizada da antiga usura.

Concepções convencionais de globalização vindas da esquerda muitas vezes parecem sugerir que estamos testemunhando uma dinâmica completamente nova, engendrada pela financeirização. A época do capital produtivo, e talvez até do próprio capitalismo, acabou, principalmente agora, quando as novas tecnologias de informação permitem a ampla e rápida circulação de dinheiro ou de dinheiro virtual não mediada por mercadorias reais ou por serviços comercializáveis. Estamos dando a entender que as recentes crises econômicas foram causadas pelos caprichos da especulação financeira, de maneira bem diferente das velhas formas das crises capitalistas, em perseguição selvagem e desenfreada de dinheiro puro e imaculado por meio do capital produtivo.

Mas as finanças operam de acordo com uma lógica específica, determinada pelas relações sociais de propriedade dominantes e pelas condições prevalecentes de reprodução social. Elas irão e deverão se comportar de maneira diferente numa sociedade comercial pré-capitalista e numa sociedade na qual as relações sociais de propriedade colocaram em movimento os imperativos específicos do capitalismo. Nas atuais teorias de financeirização, como David McNally escreveu,

> elas aparecem como se o capital tivesse encontrado sua forma pura: dinheiro gerando dinheiro, sem passar pela mediação dos valores concretos de trabalho e de uso. Na

verdade, essa é a espécie de capital que fascina a economia vulgar e os teóricos pós--modernos da economia da informação.

Mas McNally prossegue: "Na verdade, as obrigações financeiras do capital--dinheiro não podem escapar de seus laços com o universo mundano do trabalho e da produção"[10].

A questão sobre as crises no último período de "financeirização" é que elas, como outras crises capitalistas – mas ao contrário de crises econômicas no mundo pré-capitalista –, têm a ver com os imperativos específicos da produção competitiva, que inevitavelmente dão origem a um excesso de capacidade produtiva e superacumulação. Evidentemente, é significativo que o capital ainda tenda a fluir em grande parte para os capitalismos já desenvolvidos. Quando vai a outro lugar, em geral o faz à procura de lucros criados por economias que parecem estar no processo de crescimento e desenvolvimento produtivos. O capital financeiro fará o seu melhor para ganhar dinheiro em *booms* produtivos onde quer que esteja ou possa fazer isso, e agravará crises, ou até mesmo as gerará, por lucrar com a especulação ou retirar-se no momento em que a produção rentável declinar. Em ambos os casos seguirá o destino do capital produtivo, respondendo aos imperativos capitalistas usuais e reforçando as contradições capitalistas habituais.

Deve-se ressaltar que, quando Lenin adotou a noção de capital financeiro de Hilferding, pensava em algo bem diferente das muitas concepções correntes de financeirização que por vezes invocam seu nome. Ele não se referia ao rompimento entre as finanças e o capital produtivo, mas, ao contrário, tinha em mente o papel muito particular dos bancos alemães na consolidação da produção industrial em "cartéis" e, portanto, no processo de fusão com o capital industrial. Vamos deixar de lado a questão de saber se a fusão, no sentido que Lenin tinha em mente, já ocorreu em outros lugares, como na Grã-Bretanha ou nos Estados Unidos. Sua formulação oferece pouco suporte para concepções de financeirização que considerem o processo de produção ou, mais precisamente, a produção de capital, quer por meio de bens materiais, quer por meio de serviços comercializáveis. (Eu poderia até me sentir tentada a argumentar que o caso alemão teve tanto a ver com a sobrevivência das formas pré-capitalistas quanto com o capitalismo, mas este não é o lugar para prosseguir com essa linha de argumentação.)

Outra abordagem que venho encontrando sugere que, apesar de Lenin ter vivido numa época diferente da nossa, ele previu as conexões entre aquele tempo e o atual. De acordo com esse raciocínio, Lenin apenas afirmou descrever o início de um novo desenvolvimento no capitalismo, que seria cada vez mais dominado pelo capitalismo financeiro. Embora tenha entendido que essa fase pode levar muito tempo para terminar, ele previu que o capitalismo nunca mais existiria sem a dominação financeira – e foi nesse sentido apenas que descreveu seu próprio tempo como o estágio "superior" do capitalismo. O que estamos assistindo hoje seria simplesmente a previsão de Lenin em ato. Como interpretação de Lenin, essa

---

[10] David McNally, "Turbulence in the World Economy", *Monthly Review*, v. 51, n. 2, 1999, p. 41.

previsão pode ter muito a recomendá-la. Mas tenho problemas com uma análise do imperialismo na época de Lenin que fecha os olhos para as formas em que o imperialismo ainda se encontrava, moldado, de maneira significativa, por relações e forças não capitalistas. No entanto, mesmo deixando de lado essa objeção fundamental, não penso que tal interpretação compensaria de modo adequado uma falha em apreender o que liga o capitalismo dos dias de Lenin com o de nossos dias e o que diferencia um do outro.

7. Capitalismo universal

Argumentei, em *Império do capital* e outros lugares, que aquilo que distingue o mundo de hoje das fases anteriores do capitalismo é a universalização dos imperativos capitalistas, algo que aconteceu muito recentemente. Agora vivemos num mundo não mais caracterizado por relações externas entre poderes capitalistas e dependências não capitalistas, mas em um novo tipo de mundo, universalmente guiado por imperativos e contradições internas ao sistema capitalista. Tenho procurado explicar as consequências desse capitalismo "universal" e tento deixar claro que, ao contrário da crítica de Bose, isso não significa apenas uma expansão espacial de um capitalismo já desenvolvido – e, como muitas vezes tenho enfatizado, que tampouco significa que o mundo atual está cheio de economias capitalistas mais ou menos desenvolvidas. Isso não quer dizer que todas as formas não capitalistas desapareceram.

Venho argumentando que os imperativos capitalistas e as novas formas de dominação econômica capitalista agora abarcam o mundo. Esses imperativos têm penetrado cada vez mais profundamente em todos os aspectos da vida nas economias desenvolvidas, na medida em que todas as esferas do viver se tornam mercantilizadas e as maiores potências capitalistas têm sido capazes de dominar as economias dependentes não apenas do velho modo colonial – por meio de coerção extraeconômica –, mas impondo e manipulando imperativos de mercado. Dizer que os imperativos capitalistas tornaram-se universais não significa que todas as economias dependentes se transformaram ou estão se transformando em capitalismo desenvolvido. Ao contrário, a universalização dos imperativos pode ter como resultado a marginalização e o empobrecimento dessas economias dependentes. Mas esse efeito também é produto de um capitalismo "universal".

No geral, prefiro descrever esses processos como "universalização" ou "internacionalização" dos imperativos capitalistas em vez de empregar a palavra "globalização" – embora, inevitavelmente, eu me flagre usando esse último termo. Meu desconforto com as noções convencionais de globalização, como já afirmei, está ligado sobretudo às suposições acerca da relação entre uma economia global e o sistema de múltiplos Estados territoriais. Em todo caso, quando emprego o termo, argumento que a "globalização" – como a transnacionalização de mercados e do capital – tem feito, em muitos aspectos, o Estado territorial tornar-se mais – e não menos – importante para o capital, e que certas contradições fluem a partir daí. Também tenho defendido que esse é um fator essencial para o novo militarismo.

IMPÉRIO DO CAPITAL

A importância do Estado territorial na organização do mundo para o capital global coloca um ágio ainda maior na manutenção de regimes compatíveis – e não unicamente em regiões ricas em petróleo –, e isso não incentiva somente guerras destinadas a alcançar a "mudança de regime", mas, numa estratégia ainda mais perigosa e sem data para acabar, guerras cujo objetivo principal é o "efeito demonstração". Uma vez que nenhuma potência militar pode estar em toda parte ao mesmo tempo, o projeto de policiamento de um sistema global de múltiplos Estados tem gerado o militarismo aberto, que apresenta ao mundo uma ameaça constante de guerra, a qualquer momento e em qualquer lugar, sem nenhum objetivo claro e sem hora para acabar, e que demonstra com regularidade seu poder de destruição.

Bose e Chesnais parecem concordar comigo sobre a importância do Estado territorial permanente, e isso torna possível, para eles, o reconhecimento da importância da luta de resistência no nível do Estado. Também os faz mais sensíveis às possibilidades de competição entre as potências capitalistas. Mas aqui, igualmente, seus argumentos se tornam fracos pela recusa em reconhecer as especificidades do capitalismo. Como já sugeri, os atributos específicos do imperialismo atual não podem ser adequadamente entendidos no escopo da noção clássica de rivalidade interimperialista. Não tenho nenhuma dúvida de que, de um modo ou de outro, a probabilidade de conflito entre as potências capitalistas (para não citar as potências aspirantes) vem aumentando desde a queda do comunismo e é provável que continue assim; mas me parece praticamente certo que esses conflitos nunca assumirão novamente a forma das antigas rivalidades territoriais interimperialistas entre potências coloniais.

Hoje precisamos lidar com interações muito mais complexas entre a concorrência econômica de capitalismos nacionais bem desenvolvidos e a necessidade de cooperação para sustentar os mercados globais e as condições de acumulação. O "novo" imperialismo tem suas próprias necessidades militares maciças, como acabo de sugerir e como discuto amplamente em meu livro, e há momentos em que ele assume formas territoriais. Mas o policiamento da economia capitalista global, no interesse do capital imperial, tem requisitos muito diferentes daqueles relativos à expansão territorial das potências coloniais – e as tensões geradas pela concentração de poderes geopolíticos e militares, organizada para manter a ordem na economia mundial, no interesse do capital imperial, são substancialmente diferentes das rivalidades territoriais dos antigos Estados imperialistas. Uma necessidade considera apenas a extensão em que, mesmo agora e mesmo em meio a tensões elevadas, as maiores potências capitalistas cederam predominância militar a uma única superpotência – de um modo que teria sido inconcebível quando a principal forma de conflito era um confronto de soma zero sobre o território colonial. É verdade que as superpotências aspirantes, em particular a China, parecem decididas a desafiar a supremacia dos Estados Unidos. Mas, mesmo deixando de lado as dúvidas sobre a extensão das ambições territoriais chinesas, o grau de sua dependência do capital global e dos mercados internacionais com bases nacionais em Estados rivais – como os Estados Unidos – é uma indicação das complexidades e das contradições que moldam o capitalismo global de hoje.

RESPOSTA AOS CRÍTICOS

8. UMA PALAVRA SOBRE OS COMENTÁRIOS DE BOB SUTCLIFFE

Deixei o comentário de Bob Sutcliffe por último em parte porque, ao contrário dos outros, ele não parece basear-se num mal-entendido fundamental de minha argumentação, mas também porque a principal questão que ele levanta é o modo como essa história toda vai acabar. Harvey e eu, sustenta Sutcliffe, apresentamos uma imagem muito sombria dos rumos do mundo e das possibilidades para resistir a isso. Sutcliffe parece atribuir essa imagem em parte ao que classifica como nosso "desdém" pela análise empírica sistemática. Se tivéssemos explorado realidades com os pés no chão, de maneira mais concreta, sugere ele, poderíamos ser otimistas – até porque estaríamos mais inclinados a reconhecer as fraquezas da hegemonia imperial. Ele então invoca (um tanto misteriosamente) Michael Hardt e Antônio Negri a título de comparação, contrastando o (excessivo) otimismo de ambos com nosso (excessivo) pessimismo. Porém, como diz Sutcliffe, Hardt e Negri são muito mais alérgicos à análise empírica do que Harvey e eu. Análises empíricas, insinua, provavelmente indicariam uma posição em algum ponto entre esses dois extremos.

Não posso, é evidente, falar por Harvey – embora suspeite de que, como eu, ele negaria vigorosamente a acusação de "desdém". Deixem-me dizer apenas para mim mesma que o "desdém" está muito longe do que sinto pela análise empírica sistemática e detalhada. Não tenho nada além de respeito por esse tipo de trabalho, quando feito de maneira eficaz. Mas esse não era o tipo de livro que me propus a escrever. Por isso não tentarei responder à acusação, alegando ter realizado mais análises empíricas do que Sutcliffe me credita. O que vou tentar fazer é discutir de modo muito breve a utilidade do livro que eu pretendia escrever – tenha obtido ou não êxito na tarefa.

Minha ênfase aqui, como em meu livro, recaiu sobre a especificidade do capitalismo, a lógica de seu processo e seus imperativos específicos. Tentei demonstrar como a identificação dessa especificidade em perspectiva histórica, mesmo sem um detalhado aparato empírico, pode ajudar a explicar algumas das realidades com as quais nos defrontamos atualmente. Deixem-me concluir, então, com algumas sugestões sobre como meu esforço conceitual e histórico, embora diferente do tipo de análise empírica que Sutcliffe tem em mente, pode ajudar a esclarecer a questão que ele levanta sobre as possibilidades de resistência.

Eu poderia simplesmente apontar que estou muito longe de tratar a hegemonia imperial como todo-poderosa. A essência de minha argumentação, afinal, tem a ver com as contradições do novo imperialismo. Mas eu gostaria de fazer um comentário mais geral sobre as conclusões políticas derivadas de minha análise – e então devo discordar, e muito, dos comentários de Sutcliffe sobre meu pessimismo. Uma vez que ele me compara a Hardt e Negri, vou começar desse ponto.

É surpreendente que Sutcliffe considere Hardt e Negri mais otimistas do que eu, uma vez que minha leitura é exatamente oposta à deles – e eu publiquei isso. Para mim, *Império* advoga o desespero e deixa pouca esperança para uma efetiva luta de resistência. Como sugeri numa crítica a esse livro, há um equívoco essen-

149

IMPÉRIO DO CAPITAL

cial no coração de *Império*, que nega todos os alvos tangíveis, todas as instâncias de oposição e todos os modos concretos de luta[11]. Esse equívoco entra em ação antes de quaisquer análises empíricas, ou sem elas, e invalida até mesmo as raras confrontações com a realidade concreta. Minha análise, ao contrário, é muito mais esperançosa quanto às possibilidades de resistência no que diz respeito à hegemonia imperial e a outros aspectos. Concluo minha crítica assim:

> uma análise do poder, segundo o modo como ele atua no mundo real do capitalismo global, é preocupante. Mas também carrega uma mensagem mais otimista sobre as possibilidades de resistência, porque, ao contrário de *Império*, admite os alvos e os meios de luta.[12]

(Esta, a propósito, parece-me uma posição de equilíbrio entre o pessimismo excessivo e o excesso de otimismo, algo que Sutcliffe pensa que devemos tomar.)

"No espaço liso do império", Hardt e Negri nos dizem, "não há lugar para o poder – ele está ao mesmo tempo em todos os lugares e em lugar nenhum. O império é uma *ou-topia*, um não-lugar"[13]. "A ideia de contrapoder e de resistência contra a soberania moderna em geral torna-se, assim, cada vez menos possível."[14]

A posição dos autores é, como argumentei em minha crítica de *Império*, semelhante a colocar em escala global os velhos argumentos "pluralistas" da ciência política, o tipo de coisa que foi desafiada pelos marxistas na década de 1970. Como Hardt e Negri, a antiga ortodoxia liberal negou qualquer concentração de poder de classe no Estado liberal-democrático, insistindo haver somente uma difusão infinita de poderes de compensação em toda a sociedade. Hoje Hardt e Negri nos dizem, por meio de muitas teorias convencionais da globalização, que o Estado não tem poder efetivo e que a dominação política na forma de Estado é, como o controle de classe, uma coisa do passado, enquanto o poder do capital é mais difuso e intangível do que nunca. Todas as forças políticas destinadas a desafiar o poder num ponto de concentração do Estado (ou em qualquer outro lugar) são ainda mais irrelevantes do que no mundo pluralista de antes.

Não é, pois, surpreendente que aquilo que Hardt e Negri dizem sobre as possibilidades de resistência é muito menos claro e concreto do que aquilo que afirmam sobre os tipos de luta de resistência que não são possíveis, tais como as lutas organizadas no nível do Estado ou como as lutas por forças de classe organizadas. Tudo o que conseguimos deles como alternativa é uma resistência incipiente e imaterial a uma força mística onipresente, de alguma forma indeterminada, fora de qualquer espaço ou tempo compreensível. Isso se torna ainda mais aparente quando Hardt e Negri explicitam suas opiniões sobre a atual instância da resistência, a "multidão" [*multitude*], no livro de mesmo nome[15]. O problema não está apenas numa

---

[11] Ver Ellen Wood, "A Manifesto for Global Capital?", em Gopal Balakrishnan (org.), *Debating "Empire"* (Londres, Verso, 2004).

[12] Idem.

[13] Michael Hardt e Antonio Negri, *Empire* (Cambridge, Harvard University Press, 2000), p. 190.

[14] Ibidem, p. 308.

[15] Idem, *Multitude* (Nova York, Penguin, 2004).

avaliação inadequada de evidências empíricas – a questão da evidência empírica dificilmente aparece. A conclusão politicamente incapacitante dos autores se baseia numa concepção teórica do capitalismo e de sua relação com o Estado ou com a soberania política, mais ou menos efetivada na abstração de realidades concretas, atuais ou históricas.

Embora *Império* seja incomum em seu grau de abstração, não está sozinho na tentativa de construir uma política emancipatória na base de uma análise teórica da relação entre o poder econômico e o político no capitalismo – e com certeza não há nada de ilegítimo ou inútil nisso. Minha discussão é uma tentativa de esclarecer essa relação em termos conceituais e históricos amplos ao explorar a especificidade essencial do capitalismo e dos processos que o colocaram onde ele se encontra hoje[16]. Essa discussão difere do tipo de estudo empírico que Sutcliffe tem em mente, mas não é construída de maneira improvisada, tampouco se origina de uma reflexão puramente filosófica. Minha concepção do capitalismo e de como ele opera é baseada, espero, numa apreciação séria de processos históricos concretos. E a conclusão que tirei dela é que o poder do capitalismo global contemporâneo não é a força onipotente da natureza sugerida por concepções padronizadas de globalização, nem a força atemporal, sem lugar e mística saída da imaginação de Hardt e Negri. O que há, na verdade, são concentrações de poder tangíveis e objetivos identificáveis, e o contrapoder é possível de fato. Meu livro pode ficar muito aquém do detalhamento das instâncias, das modalidades e das estratégias necessárias para a resistência, mas não posso deixar de pensar que antes precisamos de esclarecimentos fundamentais sobre a natureza do capitalismo em toda a sua particularidade histórica e suas formas específicas de poder. Devo me atrever a dizer que meus críticos demonstraram o quanto desse esclarecimento ainda precisamos fazer?

---

[16] Parece que Sutcliffe pensa que meu livro foi concebido como uma resposta a Hardt e Negri. Mas isso não é verdade. A maioria do trabalho foi feita antes de minha leitura de *Império*. Se eu tinha algum alvo específico em mente, tratava-se de uma explicação mais convencional da globalização. Ao mesmo tempo, acredito que o livro de Hardt e Negri, no fundo, dá-nos algo muito parecido com uma afirmação dissimulada dessas teorias da globalização.